Cerámica a mano

CERAMICA A MANO

Elsbeth S. Woody

Ediciones Ceac / Barcelona / España

Traducción autorizada de la obra:
HANDBUILDING CERAMIC FORMS

Editado en lengua inglesa por
Farrar, Straus and Giroux, New York

© EDICIONES CEAC, S.A. 1981
Perú, 164, Barcelona-20 (España)

2.ª edición: Diciembre 1982

ISBN: 84-329-8507-4
Depósito Legal: B. 42647-1982

Grafos, S.A. Arte sobre papel.
Paseo Carlos I, 157 - Barcelona-13

Impreso en España
Printed in Spain

A Kenerly

CONTENIDO

Diez enfoques del trabajo a mano

Agradecimientos

En la preparación de este libro han intervenido muchas personas. Mi más profundo aprecio se dirige a los artistas que me han dado gratis su tiempo y han compartido conmigo sus conocimientos y sentimientos acerca de su trabajo. Yo no solamente he aprendido de ellos mucho acerca de la cerámica, sino que además he encontrado nuevos amigos.

De la misma importancia para este libro ha sido Penny Hoagland, cuyas manos aparecen en las fotografías a lo largo de la primera parte del libro. Su paciencia fue infinita y su experiencia como ceramista inapreciable.

Doy las gracias también a Tom y Madeline Lewis tanto por dar lugar al comienzo de mi carrera de escritora como por sus continuos alientos y ayuda.

A mi amiga y colega profesora Virginia Smith le estoy agradecida por sus consejos sobre muchos temas relacionados con este libro.

Julie Terestman será profundamente recordada por llevar y traer docenas de rollos de película para ser procesados.

A Pat Strachnan mi gratitud por guiarme una vez más a través del complicado proceso de dar este libro a la imprenta.

Pero sobre todo me siento en deuda con mi esposo Kennerly no sólo por su ayuda como editor, sino también, lo que es más importante aún, por su infinito apoyo moral. Sin él yo no me habría atrevido a empezar y sin su ayuda nunca hubiese acabado.

E.S.W.

Prefacio

Mucho antes de la invención de la rueda de alfarero, que se produjo alrededor de 3.000 años a. de C., el hombre modeló recipientes y estructuras de arcilla a mano, sin la ayuda de un dispositivo mecánico. Muchas culturas emplean hoy solamente técnicas de trabajo a mano y los artesanos y escultores ceramistas actuales han vuelto otra vez su atención a estas técnicas. Esto es debido en gran parte a la increíble variedad de formas y expresiones posibles. La alfarería a torno es siempre redonda y simétrica, al menos esencialmente, ya que se basa en el principio de rotación alrededor de un eje central. Por otra parte la cerámica a mano no se basa sobre un solo principio de construcción; son posibles un cierto número de métodos diferentes, cada uno de los cuales determina un cierto aspecto y sensación. Las combinaciones y variaciones infinitas de técnica, junto con el hecho de que la arcilla puede trabajarse a distintas consistencias y el de que la limitación de tamaño está condicionada solamente por el tamaño del horno, o el peso de las piezas, hacen posible un enfoque muy personal de la ejecución de formas cerámicas.

Para el principiante pueden ser importantes dos ventajas adicionales: primero, sólo se necesitan un número pequeño de herramientas sencillas y segundo, la habilidad de manejar la arcilla puede adquirirse rápidamente. Algunos de los trabajos más excitantes están basados sobre técnicas muy simples. El novato, en otras palabras, puede casi desde el principio concentrarse sobre la forma y una íntima comprensión y sentimiento de la arcilla, más que sobre la adquisición de una habilidad técnica, como es el caso al aprender la utilización de la rueda de alfarero.

La primera parte del libro se dedica a la información más básica de la naturaleza de la arcilla, una explicación de las herramientas necesarias y una explicación detallada de los métodos de modelado y tratamientos de superficies más corrientes. El acento se pone sobre los procedimientos de realizar formas cerámicas y los procedimientos en que se basan más que en la realización de formas determinadas. La segunda parte mostrará como los profesionales utilizan estas técnicas, como las varían y combinan para hacer trabajos que van desde los más utilitarios a los más expresivos y esculturales, así como desde los de pequeña escala a los arquitectónicos.

E.S.W.

PROCESOS Y TECNICAS BASICAS

1

Información técnica sobre la arcilla

La naturaleza de la arcilla

La arcilla, uno de los minerales más abundantes, se formó a partir de las rocas ígneas a través de un proceso de envejecimiento geológico que tuvo lugar hace milenios. Por exposición de la arcilla a una temperatura suficientemente alta podemos transformarla otra vez en una sustancia dura semejante a la roca, de enorme durabilidad y que a menudo es impermeable al agua y a los ácidos.

Puesto que la arcilla puede encontrarse casi en cualquier parte, a lo largo de los ríos y lagos, y justo debajo de la superficie del suelo, existe una enorme industria para extraerla, pulverizarla, ensayarla y venderla. Los objetos hechos de arcilla son parte de nuestra vida diaria y toman formas de las que no podríamos prescindir. No es solamente el artesano y el artista los que utilizan la arcilla; la mayor parte de la que se extrae es utilizada por la industria para una variedad de productos que van desde los tiestos a los artefactos de baño.

Con el fin de trabajar la arcilla inteligentemente, es esencial conocer por lo menos algo de sus características específicas y la terminología relacionada con ella.

Químicamente la arcilla es un aluminosilicato hidratado, lo cual significa que contiene alúmina y sílice así como agua combinada químicamente. Ninguna arcilla, sin embargo, es pura en su combinación química.

Las arcillas varían en gran manera debido a variaciones químicas de las rocas madres y también porque la arcilla, cuando es transportada desde su lugar de origen por el viento, el agua, los glaciares, toma lo que en el sentido químico puede ser llamado impurezas.

Vistas al microscopio la forma de las partículas de arcilla es plana y exagonal. Estas partículas se agarran unas a otras, al mismo tiempo que pueden deslizarse unas sobre otras con tal de que haya suficiente agua entre ellas.

El tamaño de las partículas puede variar por muchas razones; el procedimiento de envejecimiento puede haber progresado de forma diferente, el transporte de la arcilla puede haber dado lugar a la sedimentación de diferentes tamaños de partículas en diferentes lugares o el transporte puede haber molido algunas de las arcillas en partículas finas.

Para el ceramista esto significa que hay muchas arcillas diferentes a su disposición; varían en color, tamaño de partículas y temperatura a la cual pueden cocerse. Algunas arcillas son blancas, otras anteadas, rojas o grises; esta gama de colores es debida a la presencia de diferentes metales en la arcilla.

Debido a la variedad de los tamaños de partículas, las arcillas varían en textura, plasticidad (cuanto más pequeñas las partículas, más plástica la arcilla) y la cuantía de su contracción. Además las arcillas maduran a diferentes temperaturas, algunas arcillas pueden necesitar una temperatura mucho más alta que otras para endurecerse y hacerse duraderas.

Formulación de una pasta

El ceramista ha de seleccionar una arcilla que se ajuste a sus necesidades. Aunque no es imposible, es difícil encontrar un tipo de arcilla que se ajuste a sus exigencias sin alteraciones. Por esta razón la mayoría de los ceramistas prefieren una pasta determinada, esto es una mezcla de diferentes tipos de arcilla y otros minerales adecuados a sus necesidades con respecto a punto de maduración, color, textura, contracción y plasticidad.

La formulación de una pasta es una ciencia y no debe emprenderse sin un conocimiento completo de los materiales disponibles o sin un análisis cuidadoso de sus propias necesidades. La mayoría de los ceramistas llegan a una fórmula de pasta a través de un conocimiento general de los tipos de arcillas disponibles y a través de la experimentación. El ceramista principiante puede buscar ayuda en un experimentado, mejor que en una casa suministradora de arcilla. Las pastas de arcilla comercializadas, a menudo son formuladas por ingenieros ceramistas y no son necesariamente el resultado de una experiencia práctica. Es esencial una combinación del conocimiento técnico del ingeniero y la experiencia práctica del ceramista. Cualquier fórmula de pasta de arcilla debe ser ensayada completamente antes de que se mezcle una gran cantidad. Las pruebas deben incluir un ensayo de contracción, un ensayo de absorción (ver D. Rhodes, *Clay and Glazes for the Potter*), y un uso real en las mismas condiciones en las cuales se utilizará la arcilla. Una fórmula de pasta es una cosa muy personal y lo que es perfecto para un ceramista, puede no ser adecuado para otro.

Las pastas pueden ser mezcladas por el ceramista o éste puede comprarlas premezcladas. Las casas comerciales de suministros cerámicos, mezclan y venden pastas de arcilla que pueden comprarse en cualquier cantidad desde 5 kg a media tonelada, o más. La compra de pequeñas cantidades de arcilla es cara. Puesto que la arcilla mejora con el tiempo (el envejecimiento aumenta la plasticidad de la arcilla) y puesto que puede mantenerse húmeda durante meses si se cubre adecuadamente, usted debe comprar más de la que necesite de forma inmediata.

Los establecimientos comerciales adecuadamente equipados, pueden mezclar la arcilla de acuerdo con sus propias especificaciones, pero en tales casos es casi siempre necesario comprar grandes cantidades.

Terminología corriente

Todas las arcillas comportan una terminología corriente. Los términos *limo, plástico, dureza de cuero* y *secado a hueso,* se refieren a la arcilla con distintos contenidos de agua en ella. Limo es arcilla con una consistencia de mayonesa y, como veremos, es muy a menudo utilizada como un tipo de cola entre dos piezas de arcilla, o como un medio de decorar la pieza cerámica con una arcilla de diferente color.

La arcilla es trabajada lo más frecuentemente en estado plástico; esto es, cuando la arcilla está suficientemente húmeda para tener su máxima plasticidad (un rollo puede doblarse sin agrietarse), pero no tan húmeda que se pegue a sus manos o a las herramientas. Dureza de cuero se refiere a un estado en el que la arcilla se ha dejado secar algo, pero aún continúa húmeda; puede ser marcada y doblada ligeramente.

La arcilla está secada a hueso cuando se le ha permitido secar completamente. Muy rara vez se trabaja una pieza en este estado.

El agua que se evapora cuando la arcilla se ha dejado secar se llama agua de plasticidad. Es el agua que hay entre las partículas. Este agua de plasticidad puede devolverse a la arcilla una y otra vez.

Obra verde se refiere a toda la obra de cerámica sin cocer.

Etapas de cochura

Una vez la pieza de cerámica se ha dejado secar completamente puede colocarse en el horno y cocerse.

Cuando se exponen al calor todas las arcillas cambian radicalmente, tanto en forma física como en composición química.

Pasan a través de distintas etapas, la más importante de las cuales es la expulsión de la humedad atmosférica a 100 °C y la expulsión del agua de combinación química a 315 °C; la expulsión del agua de combinación química es el primer cambio impotante y es irreversible. La transformación del cuarzo, un cambio de los cristales de sílice, y la transformación de todos los componentes de la arcilla en forma de óxido, se produce cuando la pieza alcanza la etapa de *vitrificación*, paso final de la cochura. La vitrificación significa que ciertos componentes de la arcilla se funden y forman una estructura cristalina en la arcilla, esto produce la dureza y durabilidad de la arcilla cocida. Si se lleva hasta su término la vitrificación puede traducirse en la fusión completa de la pieza cerámica.

Una pasta está madura cuando la vitrificación ha tenido lugar en un grado tal que la arcilla es dura y resistente, y en el caso de la loza y la porcelana impermeable al agua y al ácido. Como se ha dicho, las arcillas maduran a diferentes temperaturas, y es esencial determinar el punto de maduración cuando adquiere uno su arcilla.

Pautas de marcha de la cochura

Las pautas de marcha de la cochura deben tener en cuenta las etapas indicadas anteriormente. La humedad atmosférica y el agua de combinación se desprenden en forma de vapor. Debido a la fuerza del vapor y al peligro de una explosión que puede hacer pedazos la pieza, usted debe proceder lentamente con la cochura en este punto.

Según la complejidad de la forma y el espesor de la pared, así como la compacidad de la pasta, deben concederse de tres a cinco horas a la pieza para alcanzar los 535 °C. Las piezas estructurales muy gruesas se cuecen incluso más lentamente en este estado inicial. En el momento de la oxidación de todos los componentes, los 870 °C, es esencial que haya suficiente oxígeno en el horno.

También debe permitirse que la vitrificación se produzca lenta y uniformemente a través de todo el horno ya que en esta etapa se produce la contracción.

Según el tipo de obra que se cuece, el tipo de arcilla utilizada y la temperatura a la que se cuece, las cochuras duran de 6 a 24 horas. Después de que se ha alcanzado la temperatura deseada se cierran todas las aberturas del horno para retardar su enfriamiento.

Por regla general, el período de enfriamiento debe ser por lo menos tan largo como el período de cochura. Las piezas no deben ser sacadas del horno hasta que puedan ser tocadas con las manos desnudas.

Hay una diferencia entre la cochura a bizcocho y la cochura de vidriado. Si un material ha de vidriarse la mayoría de los ceramistas cuecen su obra a bizcocho, lo cual significa que la cuecen hasta un punto justo antes de que tenga lugar la vitrificación. De esta forma la obra es aún absorbente pero también bastante sólida para ser manejada en el vidriado.

Después de aplicado el vidriado la obra se cuece a la temperatura de vitrificación adecuada a la arcilla y al vidriado.

Vidriados

Un vidriado es definido por Daniel Rhodes en *Clay and Glazes for the Potters,* como una «capa vítrea fundida sobre un cuerpo cerámico». Esta capa vítrea consiste en una composición de minerales que han sido molidos en forma de polvo fino, pesados cuidadosamente de acuerdo con una receta de vidrio, mezclados con agua, aplicados a la vasija y luego fundidos sobre ellas por el calor. El vidriado pues implica la formulación de una receta de vidrio, su mezclado, su aplicación y cochura. El más complejo de estos puntos es la formulación de la receta de vidrio. Los ceramistas llegan a las fórmulas de vidriado, bien sea a través de un conocimiento completo de los materiales de vidriado y una gran cantidad de experimentación, o bien tomándolas de libros antiguos o revistas. Una receta de vidriado debe ser siempre probada completamente y a menudo modificada para que se ajuste a unas necesidades particulares. También es imprescindible conocer la zona de temperatura de cochura de un vidriado, ya que puede ser extremadamente pequeña. Un vidriado que es hermoso a 1.232 °C, puede escurrirse de la pieza a 1.248 °C. La aplicación de un vidriado varía de una vasija a otra; pero generalmente pueden clasificarse en cuatro categorías: la vasija puede sumergirse en el barniz; el barniz puede verterse sobre la vasija; puede aplicarse con brocha o puede rociarse sobre la vasija. Aunque los vidrios pueden aplicarse a la obra en verde, la mayoría de los ceramistas cuecen primero a bizcocho sus obras.

Los vidriados pueden ser brillantes o mates, traslúcidos u opacos, con numerosos colores. Los efectos especiales de vidriado tales como el ahumado, el lustrado, el barnizado con sal, el raku, etc., amplían grandemente el repertorio de acabados cerámicos.

8

Clasificación según la temperatura de cochura

Toda la obra de cerámica cocida puede clasificarse según la temperatura a la cual madura la arcilla. *Barro cocido* es la denominación de todas las formas cerámicas cocidas a aproximadamente 985 °C; la *loza* está cocida aproximadamente a 1260 °C; la *porcelana* es un producto blanco traslúcido, que ha sido cocido por encima de los 1260 °C. Cada uno de estos materiales requiere una pasta y un vidriado diferente.

Estos diferentes tipos de productos difieren grandemente en apariencia, así como en dureza y resistencia. Corrientemente la cacharrería de barro cocido absorbe aún el agua y los vidriados tienden a ser, aunque no hayan de serlo, brillantemente coloreados y lustrosos. La loza es normalmente impermeable al agua y a los ácidos y es mucho más resistente que el barro cocido; los colores de los vidriados son mucho más mates, pero la unión entre el vidriado y la arcilla es más fuerte, lo cual significa que el vidriado es menos propenso a descascarillarse. La porcelana está siempre relacionada con una arcilla blanca altamente vitrificada y que en los casos más refinados toma una especie de traslucidez.

Características comunes de las arcillas. Las máximas

Aún cuando existe un cierto número de arcillas diferentes todas comparten cuatro características únicas, aunque en diferente grado. Estas características son extremadamente importantes, ya que casi todas las reglas que rigen el cómo debe trabajarse la arcilla pueden deducirse de ellas. Estas son las «máximas» de la cerámica.

Uno; *la arcilla es plástica cuando está suficientemente húmeda.* Puede ser aplastada y estirada sin perder su cohesión, como sucede con la arena húmeda. Esto es debido a la forma plana de sus partículas. Como he dicho antes, las partículas se agarran unas a otras, pero también se deslizan unas sobre otras en forma muy parecida a láminas de vidrio que tuviesen agua entre ellas. El grado de plasticidad es determinado por el tamaño de las partículas (cuanto más pequeñas las partículas más plástica la arcilla), el contenido del material carbonatado en la arcilla (el cual aumenta con el envejecimiento), la tensión superficial del agua (cuanto más fría y dura sea el agua más plástica la arcilla), e incluso la carga eléctrica de ciertos tipos de partículas de arcilla.

Dos; *la arcilla se contrae a medida que se seca y cuando se vitrifica.* Este hecho siempre debe estar en la mente del ceramista. La arcilla se contrae primero cuando se evapora el agua de plasticidad y las partículas se juntan más. Esto significa que la contracción (como la plasticidad) depende del tamaño de las partículas y la cantidad de agua presente. La arcilla se contrae otra vez durante la vitrificación, ya que algunos de sus componentes se funden cerrando la estructura.

Las consecuencias de la contracción son muchas y de gran importancia para el trabajo a mano. Con frecuencia se hará referencia a esta propiedad al tratar las distintas técnicas. Las precauciones que es necesario tomar, son sin embargo en gran manera de sentido común. Por ejemplo: las arcillas que difieren ampliamente en contenido de agua, comportamiento físico y tipo, no pueden unirse. Las paredes de arcilla de diferente grueso se contraen a distinta velocidad y esto puede ser causa de agrietamiento. No pueden utilizarse como soportes materiales que no se contraigan y si se añaden a la arcilla materiales no contráctiles, tales como ladrillo machacado, fibra de vidrio, arena, etc., deben ser de un tamaño de partículas relativamente pequeño. En el secado y cochura deben tomarse precauciones para permitir los movimientos de la arcilla durante la contracción. Por ejemplo, el fondo de una vasija no debe agarrarse al tablero o estante; una capa de ladrillo machacado o un trozo de trapo, se coloca bajo las piezas muy grandes para facilitar el movimiento; las formas que tocan el tablero o estante en más de un área deben colocarse encima de una placa de arcilla que se contraiga a la misma velocidad, esto alivia las tensiones de la forma.

Tres; *la arcilla se endurece a medida que se seca*. La arcilla plástica está totalmente desprovista de resistencia estructural. Las formas hechas con arcilla plástica son extremadamente susceptibles a las deformaciones y deben manejarse con gran cuidado. A medida que la arcilla se seca se hace más dura y resistente. La arcilla a dureza de cuero soporta muy bien su propio peso, no se deforma ni gotea, y cuando está seca a hueso es dura como la madera. Por otra parte, la arcilla a dureza de hueso es muy frágil y las formas en esta etapa también han de manejarse con cuidado. El hecho de que la arcilla se endurezca a medida que se seca es aprovechada continuamente por el ceramista y en especial por el que trabaja a mano.

Las formas grandes o que se proyecten hacia afuera, o formas con cambios bruscos de perfil, se pueden construir en fases; la parte inferior se deja secar y endurecer algo antes de añadirle encima más peso con el fin de evitar que se deforme. En estado de dureza de cuero pueden hacerse afinamientos de la forma por el aumento de resistencia de la arcilla.

Sin embargo, cuanto más dura se hace la arcilla menos plástica es.

Cuatro; *la arcilla se vitrifica cuando se somete a un calentamiento suficiente*. Cuando se somete a un calentamiento suficiente la arcilla se hace dura y duradera, y en el caso de la loza y la porcelana impermeable al agua y a los ácidos. La transformación es total y la vasija renace prácticamente en la cochura.

Para un estudio más completo de la naturaleza de la arcilla, y especialmente de la tecnología y técnicas de vidriado y cochura debe acudirse a los trabajos citados en la nota bibliográfica. En este libro tratamos fundamentalmente de las técnicas de conformación y solamente se explicarán los aspectos de la tecnología de la arcilla que son importantes para éstas.

2

Herramientas y lugar de trabajo

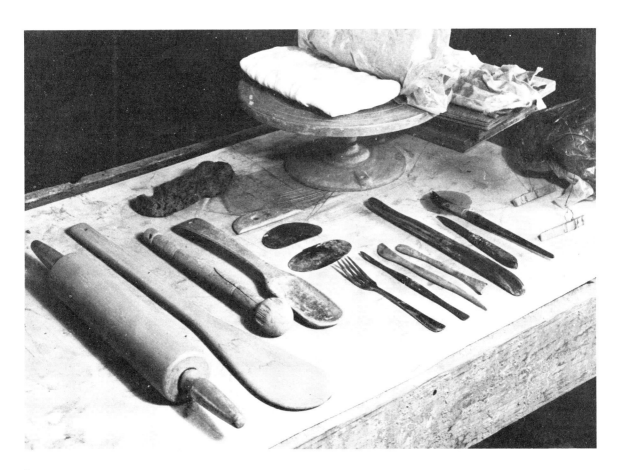

1

Una de las ventajas de las técnicas manuales de trabajo es que solamente se necesitan un pequeño número de herramientas muy sencillas para la conformación de las piezas [1].* Casi todas estas herramientas forman parte de cualquier ajuar doméstico.

Un trozo de contrachapado marino de 2 cm. de grueso cubierto con un tejido grueso, o incluso con una manta vieja, fuertemente estirado sobre él, o encolado a él, bastará como superficie de trabajo. Debe colocarse sobre una mesa robusta de forma que la arcilla pueda golpearse sobre ella. Unos cuantos trozos de contrachapado marino de distintos tamaños para construir las piezas sobre ellos, algunos trozos de trapos lisos, un cuchillo embotado, un tenedor, un pincel, un trozo de alambre retorcido (alambre delgado de

bastidores para cuadros) con botones en los extremos, es todo lo que usted necesita para comenzar.

Para mantener la arcilla húmeda son esenciales trozos de plástico delgado, del tipo de los que se tienen para los productos de limpieza en seco. Para limpiar las herramientas bastará un rascador, una toalla y una esponja.

Algunas técnicas exigen herramientas específicas, tales como rodillos, palos de madera, telas de hacer queso. Vienen a mano con casi cualquier técnica, soletas flexibles de metal, soletas de madera y herramientas de modelar, estas son herramientas para cerámica que corrientemente están disponibles solamente en las casas de suministros cerámicos. Las soletas de metal se presentan en una cierta variedad de formas ovaladas o en media luna, con los bordes lisos o dentados; son útiles para rascar la superficie de la arcilla.

* Los números entre corchetes corresponden a las figuras.

13

Las herramientas de modelar están hechas de madera, son delgadas y alargadas y también se presentan en una gran variedad de formas y tamaños; sus funciones pueden variar ampliamente, desde texturar la arcilla a alisarla, por ejemplo, o sirven como extensiones de los dedos, cuando los dedos no pueden llegar.

Es conveniente una torneta, aunque no es absolutamente necesaria; yo trabajé durante años sin tenerla, aunque me hice adicta a ella·en cuanto la tuve.

Las herramientas sin las que no puedo pasar son las paletas. Son de madera (de madera que no se pega la arcilla a ellas) y deben tener un cierto peso.

Tengo cierta variedad de formas, algunas planas con los bordes lijados, algunas redondeadas, cada una hace un trabajo particular. Algunas casas de suministros cerámicos las tienen, pero las mías son todas hechas o adaptadas de otros usos, tales como la mitad de un bate de béisbol de niño, cucharas de madera, bolos de zurcir, etc. Se usan para conformar y tratar las superficies a unir.

Para trabajos más complejos pueden ser necesarias herramientas adicionales, tales como alisadores y sufrideras. Y, desde luego, cada ceramista tiene sus propias herramientas especiales e indispensables, muchas de las cuales nunca se encuentran en una tienda de artículos para artistas.

Casi cualquier lugar puede convertirse en un pequeño taller de cerámica. Yo he visto gente trabajar en la sala de familia o en la cocina, pero un garaje o sótano sirve mucho mejor. Aunque el trabajo a mano es menos desorganizado que el torneado, el polvo puede ser un problema. Debe haber suficiente espacio para trabajar confortablemente, con sitio para los estantes y contenedores de la arcilla y de los desechos de arcilla, así como una placa de yeso de 10 cm de grueso sobre la cual se seca y amasa la arcilla. Es práctico tener un sumidero pero no imperativo. En el invierno el local debe mantenerse caliente. Las vasijas húmedas pueden helarse cuando la temperatura baja por debajo de la de congelación y estropearse cuando se deshielan. Los trozos de arcilla que se hielan y se deshielan están corrientemente muy húmedos en la parte exterior y con un núcleo interior muy duro.

El hacer las formas es sólo un paso del proceso total. Se necesitan medios para el vidriado y la cochura, para acabar el producto.

Sus necesidades cambiarán con el tiempo y pueden variar con el tipo de trabajo que está haciendo. Los talleres de cerámica donde se hace el trabajo de producir pequeños objetos se presentan de modo diferente a aquellos preparados para acomodar piezas arquitectónicas y esculturales grandes. Cada ceramista puede llegar a una disposición física adecuada, principalmente a través del ensayo y error.

3

Preparación de la arcilla

Mezcla y recuperación

Como se ha destacado anteriormente, es esencial encontrar una pasta de arcilla adecuada a sus necesidades. La arcilla puede comprarse premezclada con la consistencia adecuada (e incluso en algunos casos desaireada) o puede usted mezclarla por sí mismo: pesando los ingredientes, mezclándolos y añadiendo la mezcla al agua. La mayor parte de las pastas de arcilla necesitan del 25 al 30 % de su peso en agua, pero cuando mezcle de esta forma, añada los materiales de arcilla secos a por lo menos el 40 % de su peso en agua. Después de dejarla reposar una noche, la arcilla puede secarse sobre una placa de yeso hasta la consistencia de trabajo adecuada (ver pág. 94, sobre la forma de hacer piezas de yeso). El mezclado de la arcilla en esta forma es un proceso laborioso y polvoriento. Si se necesitan cantidades grandes de arcilla puede ser necesaria la adquisición de un mezclador de arcilla o la compra de arcilla premezclada.

También es importante darse cuenta de que la arcilla recién mezclada es normalmente bastante quebradiza; esto es, falta de plasticidad. Por ello es necesario permitir a la arcilla que repose por lo menos una semana antes de utilizarla. Cuanto más tiempo está almacenada la arcilla en el estado plástico, más plástica se hace.

La arcilla que se ha hecho demasiado dura para trabajarla puede arreglarse de dos formas. Si solamente es un poco demasiado dura, yo la envuelvo simplemente con una toalla húmeda y plástico y dejo el paquete reposar durante la noche. Normalmente la arcilla absorbe suficiente humedad de la toalla para poderse trabajar.

Otro sistema es dejar secar la arcilla completamente, y después empaparla en agua hasta que se disgregue, lo cual sucede más deprisa en un recipiente ancho y bajo que en una lata estrecha y profunda. Después se saca la arcilla y se deja secar a la consistencia adecuada sobre una plancha de yeso. Dar la vuelta de vez en cuando permite que la arcilla se seque más uniformemente. Si deja usted espacios entre pequeños montones de arcilla, se secará más rápidamente.

Amasado

De cualquier forma que sea preparada la arcilla, el amasado es inevitable. La finalidad del amasado es hacer el trozo de arcilla perfectamente homogéneo. En otras palabras mezclar todos los materiales uniformemente, incluyendo el agua, y elimina las burbujas de aire.

El amasado puede hacerse de distintas maneras. Para el principiante el amasado a mano sencillo es suficiente. Un puñado de arcilla se separa en dos trozos y se vuelve a aplastar otra vez, juntándolo hasta que la arcilla se nota uniforme en términos de contenido en agua [2].

El amasado espiral es la forma profesional y eficiente de amasar. Esta forma de amasado consiste en dos movimientos entrelazados. La mano izquierda hace girar y guía la arcilla mientras que la derecha hace el amasado, estos movimientos se hacen rápidamente de 40 a 100 veces, según las condiciones de la arcilla. Esta técnica es difícil de aprender, pero muy superior a cualquiera de las otras. Para comprender las posiciones de las manos se debe empezar con el producto final del amasado espiral: un cono sosteniéndose sobre su punta [3].

La mano izquierda está colocada ligeramente acopada sobre la base del cono y permanece allí a través del proceso de amasado, mientras que la mano derecha está colocada sobre el lado pero a lo largo del borde de la base.

Con cada secuencia de movimientos entrelazados de las manos izquierda y derecha, el cono se hace girar sobre su punta.

2

18

3

Para comenzar, aplaste la arcilla en forma de un cono basto y déjela descansar sobre un lado con la punta hacia usted. Coloque la mano izquierda ligeramente acopada sobre la base [4]. Levante el cono sobre su punta en un movimiento en espiral en sentido de las agujas del reloj, con la mano izquierda [5]. Coloque la mano derecha en el lado del cono con el pulgar y el índice a lo largo del borde de la base [6]. Deslice la mano izquierda en sentido contrario a las agujas del reloj 1/4 de vuelta sin soltar la arcilla [7] y aplaste hacia abajo con el talón de la mano dere-

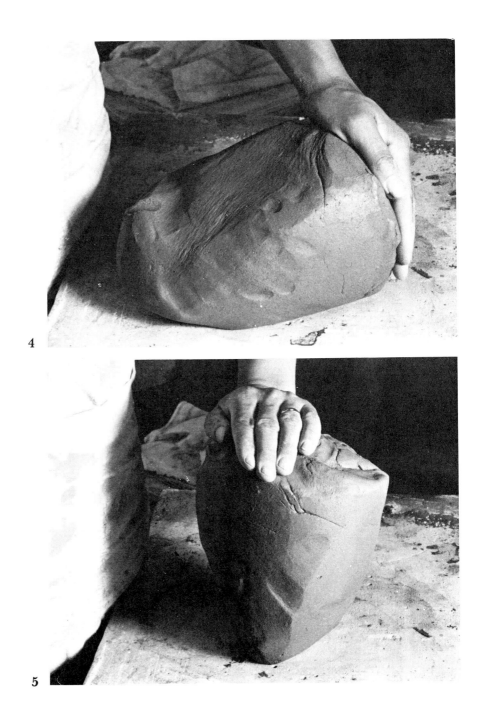

4

5

6

7

8

9

Sus pies deben estar firmemente asentados de manera que usted pueda balancearse hacia atrás y hacia adelante, utilizando el peso de su cuerpo cuando comprima hacia abajo.

La superficie sobre la cual amasa debe ser más baja que una mesa normal, aproximadamente la altura de sus muñecas, y ligeramente absorbente.

Para la arcilla de consistencia adecuada amase sobre un tablero de madera o un cartón de amianto duro; para la arcilla húmeda utilice una placa de yeso.

Es difícil decir cuándo está suficientemente amasada la arcilla; el tiempo de amasado está totalmente determinado por las condiciones de la arcilla. Cuando se sienta la arcilla densa y con la estructura apretada está suficientemente amasada.

Comience a aplastar hacia abajo cada vez menos con el talón de la mano derecha, mientras continúa haciendo los otros movimientos. Esto producirá una forma de cono. La base del cono puede balancearse sobre la placa para producir una superficie lisa convexa.

10

cha doblando algo de arcilla de detrás hacia abajo [8-9]. La mano izquierda permanece sobre la arcilla, pero no ejerce presión. La mano izquierda está entonces en posición de levantar la arcilla en un movimiento en espiral, en sentido de las agujas del reloj [10]; la mano derecha va hacia atrás de la impresión anterior del talón de la mano sobre el lado del cono, pero a lo largo del borde de la base; deslice la mano izquierda, comprima hacia abajo y así sucesivamente.

La arcilla tomará una forma parecida a una lengua [10] con una marca clara de los pliegues,

una señal bien marcada del talón de la mano derecha y una señal ligera de la mano izquierda. Las dos manos tienen funciones y acciones totalmente diferentes. La mano izquierda gira la arcilla, la levanta hacia la mano derecha y la guía, mientras que la mano derecha comprime la arcilla hacia abajo. La arcilla se hace girar solamente mientras se levanta. Se prensa hacia abajo lentamente, sin rotación.

Es importante darse cuenta de que el amasado se hace no solamente con las manos, sino con todo el cuerpo.

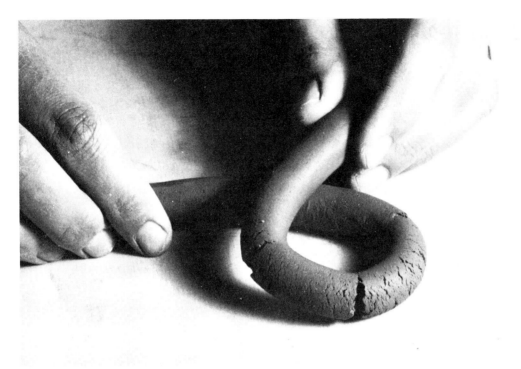

11

Consistencia de trabajo de la arcilla

Es difícil describir la consistencia de trabajo adecuada de la arcilla. Corrientemente trabajamos la arcilla en estado plástico. Sin embargo plástico es un término relativo. Si la arcilla no se pega a sus manos y un rollo puede doblarse sin que se formen grandes grietas [11], esta es la consistencia adecuada para la mayor parte de las técnicas. (Las pequeñas grietas superficiales pueden ignorarse). Debe señalarse que las distintas técnicas exigen diferentes consistencias de la arcilla y también que los ceramistas a menudo tienen preferencias personales.

4

Consideraciones comunes a todos los métodos de conformación

Antes de comenzar una descripción detallada de los distintos métodos de construcción manual, deseo exponer ciertos aspectos que todas estas técnicas tienen en común. Están directamente relacionadas con las consecuencias de la contracción de la arcilla y el hecho de que la arcilla se endurece al secarse. Además es importante señalar que todas estas técnicas están basadas en el supuesto de que cuando uno piensa en formas cerámicas, casi siempre piensa en términos de formas huecas. Esto es necesario no solamente por el peso de la arcilla sino por el hecho de que la humedad puede quedar atrapada dentro de las masas sólidas de arcilla, haciendo estallar la pieza durante la cochura. Si la pieza exije que usted trabaje con masas macizas, incluso la forma más pequeña debe taladrarse para permitir que la humedad escape.

Unión

No importa cómo uno trabaje con la arcilla, eventualmente tiene que unir dos piezas juntas. Los modos de unión adecuados son extremadamente importantes a causa de las tensiones que se ejercen en la junta por la contracción de la arcilla durante el secado y la cochura.

Tratar cada posible situación de unión sería muy complicado y confuso. Por lo tanto, limitaré la siguiente explicación a los principios generales que deben tenerse en cuenta en todas las situaciones.

Uno, los tipos de uniones posibles; dos, la consistencia de la arcilla a unir; y tres, otros factores y técnicas tales como área de contacto, paleteado y tiempo, que se aplican a todos los tipos de juntas.

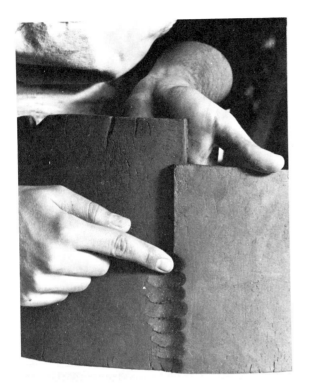

12

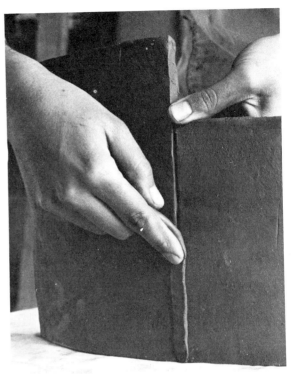

13

Tipos de juntas: a tope y a solape

Para asegurar una buena unión entre dos piezas, la arcilla de una debe desplazarse sobre la otra. Esto puede hacerse muy fácilmente en el caso de una junta a solape [12]. Pero en el caso de una junta a tope, es decir cuando los extremos se encuentran sin superponerse, untar la arcilla de un lado de la junta al otro no es siempre posible sin debilitar un lado. En este caso puede añadirse un rollo sobre la junta [13], este rollo se adhiere a ambos lados y proporciona una unión segura entre ellas.

Las juntas a solape son en general más resistentes que las juntas a tope. Sin embargo, si el rollo de refuerzo se comprime firmemente en la junta, una junta a tope puede resistir una fuerza considerable. Cuando coloque el rollo aplíquelo firmemente en la junta con el dedo índice moviéndose a lo largo de la costura en pequeños pasos [13]. Contrarreste esta presión sosteniendo la arcilla por la otra parte con su mano.

Una junta a tope se produce siempre que dos bordes se encuentran, en vez de superponerse, y también siempre que un borde toca con un lado, como en el caso de una forma de caja, o cuando un lateral se apoya sobre un fondo [14].

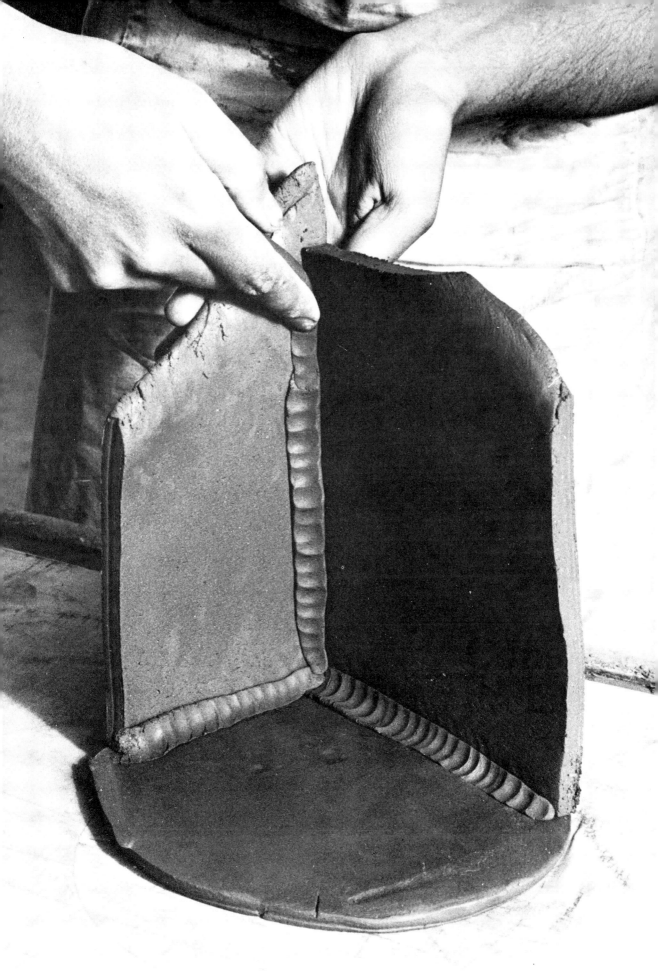

Consistencia de la arcilla a unir

Puesto que la arcilla se contrae al secarse, se debe ser cauto con el contenido de agua de las piezas que se unen.

Cuando se une arcilla plástica a plástica, corrientemente no es necesario utilizar agua o cualquier otro pegamento, ya que las piezas de arcilla plástica se adhieren unas a otras con facilidad.

Sin embargo, si se une arcilla plástica a arcilla con dureza de cuero, o dureza de cuero a dureza de cuero, debe tomarse la precaución especial de rascar y untar con limo. En el área de contacto entre dos piezas de contacto entre dos piezas de arcilla, la arcilla con dureza de cuero se rasca o araña con un tenedor, cuchillo o peine, a ángulos rectos con la costura, y se unta con una brocha limo o agua sobre ella [15].

El rascado hace dos cosas: 1, permite al agua penetrar y 2, permite a la arcilla de la unión agarrarse mejor a la arcilla rascada para formar una unión más fuerte.

El rascado y untado con limo debe hacerse siempre que la arcilla plástica toque arcilla con dureza de cuero, y también siempre que la arcilla con dureza de cuero se una a otra con dureza de cuero. En el último caso ambas piezas tienen que rascarse, y como mínimo, una embadurnarse con limo. Este procedimiento de rascado y untado con limo se aplica tanto a las juntas a tope, como a las juntas a solape, y también a las áreas donde una junta se refuerza con arcilla plástica [16].

A veces, sin embargo, yo hago excepciones a la regla de «siempre»: yo trato de evitar rascar y untar cuando puede perturbar el aspecto de la pieza. En el caso de una junta a tope cuando el limo puede escurrirse hacia afuera y perturbar el modelo, por ejemplo, yo rasco y unto solamente en la parte interior donde la arcilla de refuerzo toca a la arcilla de dureza de cuero.

En una unión en solape yo rasco y unto solamente parte del solape, para evitar que el limo rezume hacia afuera.

Sin embargo, cuando rompo la regla tengo pleno cuidado de los riesgos que corro, también

15

hago una excepción a la regla de «no agua» al unir arcilla plástica y arcilla plástica, cuando añado pequeñas piezas de arcilla plástica a grandes piezas de arcilla plástica, yo mojo las pequeñas piezas para lograr una unión mejor [17].

Las reglas para la unión son pues muy simples. Refuerce una junta a tope, extienda arcilla de un lado al otro en una junta a solape. Rasque y unte con limo la arcilla de dureza de cuero, siempre que la arcilla plástica toque a la de dureza de cuero, y cuando la de dureza de cuero se una a arcilla con dureza de cuero.

16

17

18

Factores comunes en la unión

Además de estas sencillas reglas hay consideraciones comunes a todos los procedimientos de unión.

La más importante se relaciona con el tamaño del área de contacto entre las dos piezas a unir.

Mientras que el metal puede unirse con unos pocos puntos de soldadura, esto no es posible en la arcilla. Cuando más grande sea el área de contacto mejor. Para hacer máxima el área de contacto existen un cierto número de procedimientos que pueden seguirse: 1, asegurar la costura completa, no solamente partes de ella. 2, cortar los bordes de las placas en ángulo antes de unir, especialmente cuando sea de dureza de cuero [18], esto aumenta enormemente el área de contacto. 3, embeber el rollo de refuerzo en una ranura que se hace en la unión, después de que las piezas a unir se han apretado una contra otra [19].

20

21

Relacionado con el tamaño de las áreas de contacto se encuentra el hecho básico de cuán bueno es el contacto que se ha hecho. Es imperativo que todas las piezas de arcilla a unir se compriman unas a otras firmemente.

Una técnica que aumenta la presión ejercida en una junta, y que es por ello aconsejable utilizar en todos los tipos de uniones y en todas las circunstancias, es el paleteado. El paleteado, esto és, el golpear delicadamente con una herramienta de madera la junta con el rollo de refuerzo, conduce a la unión a juntarse o empuja la arcilla de refuerzo contra la costura [20]. Además realinea las partículas de arcilla en una dirección, lo cual refuerza la junta enormemente. Yo he encontrado que una junta paleteada rara vez se rompe.

Debo también remarcar que es completamente suficiente reforzar la unión por un sólo lado, el interior o el exterior. La junta puede dejarse vista para efectos decorativos (ver pág. 71), o puede disimularse totalmente llenando todas las señales con arcilla y paleteando y rascando la superficie para alisarla [21]. Algunos ceramistas incluso utilizan una herramienta Surform para eliminar todas las trazas de la unión (ver págs. 102, 186, 187; foto 222).

El contacto firme, un área de contacto grande, el refuerzo, el rascado y embadurnado con limo adecuados, así como el paleteado, mantendrán firmes la mayoría de las uniones. Pero todo esto ha de hacerse en el tiempo adecuado, es decir, cuando la arcilla esté en la consistencia correcta.

Mientras que pueden juntarse las arcillas plástica a plástica, plástica a dureza de cuero y dureza de cuero a dureza de cuero, no pueden unirse nunca la arcilla plástica o a dureza de cuero a la arcilla secada a hueso. Si la arcilla no puede marcarse con la presión normal de los dedos, es demasiado dura para que otra arcilla pueda unirse permanentemente a ella.

En general cuanto más dura sea la arcilla más peligrosa la junta. Cuanto mayor sea la diferencia entre el contenido de agua de las dos piezas de arcilla, mayor es el riesgo de que se desarrollen grietas a causa de los diferentes grados de contracción de las dos piezas.

Incluso aunque siga correctamente todos los procedimientos y consideraciones de tiempo, sus piezas pueden aún agrietarse en la junta. Esto puede ser debido a un secado rápido, desigualdades en los espesores de las paredes, formas con tensiones, etc.

La junta de una pieza será siempre su punto débil y el primero en ceder, por lo que raramente puede sobrepasarse en la atención que se da a los procedimientos de unión adecuados.

Espesor de pared

Es difícil establecer una regla general acerca de cuán gruesa deberá ser la pared de una pieza cerámica. El espesor de la pared depende de la pasta, la «visión» de la forma y el tamaño de la pieza.

Para piezas con paredes gruesas deben utilizarse arcillas que contengan desengrasantes. Una pasta de arcilla que contenga desengrasante se denomina pasta abierta. El desengrasante es arcilla cocida molida en partículas finas. En la pared de arcilla se forman finas grietas alrededor de cada partícula de desengrasante al secarse la arcilla, ya que el desengrasante no se contrae pero sí la arcilla de su alrededor. A través de estas grietas la humedad puede escapar del interior de la pared.

Es evidente de por sí, que el grosor de las paredes influencia el aspecto de la pieza. Un aspecto delicado rara vez puede lograrse con una pared gruesa.

Con respecto al tamaño de la pieza, cuanto más grande sea la pieza tanto más gruesas necesitan ser las paredes, aunque el aumento en el espesor de las paredes no esté en proporción directa al aumento del tamaño de la pieza. En general en una pieza de tamaño medio (30 a 45 cm) las paredes pueden oscilar entre 9 y 12 mm de grueso, mientras que las paredes de una pieza de 2,5 m de altura puede tener, de cualquier forma, entre 15 y 25 mm de grueso.

Por otro lado yo he visto piezas hechas de placas de arcilla no más gruesas que un trozo de cuero y he trabajado con paredes de arcilla tan gruesas como de 50 mm.

Sin importar lo gruesas que sean las paredes, su espesor debe ser el mismo en toda la pieza. Esto es un ideal al que se puede y debe uno adherir en la mayoría de los casos. Sin embargo, cuando usted trata con formas estructurales complicadas el espesor puede tener que variarse grandemente. Cuando se cambia el espesor se ha de tener en cuenta no solamente las consecuencias estructurales debidas al cambio de peso, sino también el hecho de que las paredes gruesas se secan más lentamente, y por lo tanto, pueden variar la velocidad de contracción. Con respecto a las tensiones estructurales yo hago a veces deliberadamente las paredes más delgadas si una forma se proyecta en el espacio, para reducir la tensión haciendo la proyección tan ligera como sea posible. Si se necesita engrosar un área en la parte de arriba de la pieza puede reforzar el área de debajo con tiras de arcilla, que corren verticalmente a todo lo largo desde la parte alta hasta el suelo, en el interior.

Los procesos de secado cuidadoso y lento, reducen al mínimo el problema del secado desigual, y una transición gradual de lo delgado a lo grueso ayuda a aliviar las tensiones de una velocidad desigual de contracción. Eventualmente todos los ceramistas desarrollan su propio sentido del grueso correcto de pared, y también un buen juicio de cuánto y en qué medida pueden romper la regla de paredes uniformes.

Trabajo en etapas

Las vasijas y formas pequeñas pueden a menudo hacerse en una sola sesión, pero una gran cantidad de formas deben trabajarse en etapas para evitar que se hundan o deformen bajo su propio peso. En otras palabras, uno puede construir hasta un cierto punto antes de tener que dejar secar la arcilla al estado de dureza de cuero, basándose en la máxima de que la arcilla se endurece a medida que seca.

No pueden establecerse reglas de hasta dónde se puede continuar sin parar; en gran manera depende del tipo de forma que se está haciendo.

Puesto que la arcilla tiene un buen grado de resistencia a la compresión, puede soportar muy bien su propio peso verticalmente, una forma cilíndrica de 20 a 25 cm de diámetro puede construirse hasta una altura de 30 a 45 cm sin peligro de que se derrumbe. Si se desea una pieza más alta, hay que dejar que se seque un poco la parte inferior antes de continuar.

Las formas cilíndricas de un diámetro mayor de 25 cm no pueden construirse con tanta altura en cada etapa.

Las formas con cambios bruscos de diámetro, tales como formas esféricas y las formas que se desplazan de la vertical (22, las bandas blancas indican las etapas) han de construirse a menudo en numerosas etapas y permitir que se endurezcan cada pocas pulgadas en los puntos críticos.

El espacio de tiempo que uno ha de dejar pasar antes de continuar, depende de las condiciones del secado, el tipo de arcilla con que se está trabajando y el espesor de la pared (ver pág. 42 sobre el secado).

22

23

A fin de mantener húmeda la arcilla en la parte más alta de la pieza y asegurar una transición gradual desde la arcilla en dureza de cuero a la arcilla plástica, yo cubro el borde con plástico cuando interrumpo el trabajo [23]. De esta manera puedo estar segura de que no se desarrollan grietas entre las dos etapas. Además, rasco y embadurno con limo antes de continuar. En piezas muy grandes me aseguro de que la forma y la superficie de cada sección están totalmente acabadas antes de continuar. Muy a menudo se hace difícil realizar más tarde cambios importantes, ya que la arcilla puede volverse demasiado dura, el peso de encima puede no permitir moverse a la arcilla ó, en algún caso, las partes de abajo pue-

den simplemente no ser accesibles ya. Yo paleteo cada sección antes de continuar (ver pág. 109-110-211).

Para evitar una contracción irregular debe tenerse cuidado de que la parte inferior no tome la dureza de hueso mientras aún se está trabajando en la parte de arriba. Mantenga siempre la parte inferior cubierta con plástico una vez haya tomado la dureza de cuero.

Una de las cosas más difíciles de aprender es a parar de construir justo antes de que la pieza amenace derrumbarse.

Desgraciadamente, con frecuencia, el sentido correcto se obtiene solamente después de muchas roturas.

Soportes

A los carpinteros, herreros y tallistas de piedra, la arcilla puede parecerles un material tan débil como la fibra; pero la arcilla es más resistente de lo que la mayoría de la gente cree. Como hemos explicado pueden construirse cilindros de 45 cm de alto en un solo paso sin peligro de derrumbamiento, y a medida que se seca se hace más y más fuerte, hasta que, cuando se cuece, su resistencia estructural es enorme.

Nosotros, los ceramistas, hemos de admitir que hay veces en que la arcilla necesita ayuda. Ciertas formas en estado plástico no se sostienen sin soportes, y algunas formas pueden incluso necesitar soportes durante todo el proceso de construcción, secado y cochura.

Sin embargo, cuando un ceramista utiliza soportes temporales o permanentes debe tener en cuenta la contracción de la arcilla. Por esta razón, a menudo, la arcilla es el mejor material que se puede usar para soportes, incluso si hay que usarla en trozos gruesos y macizos. Los soportes de arcilla se contraen a la misma velocidad que la pieza y por ello se mueven con ella. Si los soportes están por fuera de la pieza y han de permanecer a través del proceso de secado y cochura, yo coloco ambos, la pieza y el soporte, sobre una placa de arcilla. A medida que la pieza se contrae los soportes también se mueven por la contracción de la placa [24].

Determinadas formas, especialmente las grandes, necesitan una estructura interior que impida que las paredes se ondulen. Esta estructura ha de construirse en la pieza desde el comienzo. Los refuerzos interiores deben ser cur-

24

vados, ya que una curva puede responder a la tensión doblándose. También aconsejaré que el refuerzo no tope justo contra el lado, sino que esté trabado directamente a la pared exterior [25].

En algunos casos los soportes pueden hacerse de materiales distintos de la arcilla. Para sostener una pieza mientras pasa de la forma plástica al estado de dureza de cuero puede utilizarse casi cualquier cosa, con tal de que no impida la contracción de la arcilla. Para esta finalidad son ideales los bloques de espuma de caucho (ver págs. 170-175; foto 190).

Los soportes que ayudan a dar forma a una pieza se tratarán en las páginas 86-93.

Recuerde también que la arcilla se endurece a medida que se seca y que trabajar en etapas puede ser preferible a utilizar soportes.

25

Pegajosidad de la arcilla

La arcilla húmeda tiene tendencia a pegarse a todas las cosas. Cuanto más húmeda está la arcilla más adherente es; a medida que se seca pierde su pegajosidad. En estado plástico la arcilla ya no se adhiere a sus manos, sin embargo se adhiere a sí misma, hecho que explotamos para unirla. La arcilla plástica también se adhiere a los materiales no absorbentes o de poca absorción, tales como la madera; cuanto más absorbente es el material menos probablemente se adhiere la arcilla a él. En el estado de dureza de cuero la arcilla no se adhiere a sí misma (por esto para unirla tenemos que rascar y embadurnar con limo) o a los materiales no absorbentes.

En el caso en que la pegajosidad de la arcilla es un inconveniente, debemos tomar ciertas precauciones. Sobre la superficie de trabajo deberá colocar siempre un trozo de tela; yo siempre coloco una tela debajo de cada pieza en curso de trabajo y aplasto las placas sobre tableros recubiertos con lona.

Algunos ceramistas utilizan una tela entre la arcilla y su paleta (ver págs. 171 y 172). Si yo utilizo soportes de arcilla, tiendo a colocar pequeños trozos de tela entre el soporte y la pieza, ya que la arcilla plástica puede a veces pegarse a la de dureza de cuero.

La pegajosidad de la arcilla es la razón por la cual la mayoría de las herramientas se hacen de madera. La madera, sin embargo, se humedece muy deprisa y entonces la arcilla puede pegarse a ella.

Secado, envoltura y reablandado

El secado es rara vez tratado en detalle, aunque muchas piezas se han arruinado por métodos inadecuados de secado.

Las vasijas se secan desde la parte alta hacia abajo. Excepto cuando se trabaja en etapas, la parte baja es corrientemente la última que se seca.

La velocidad a la cual se seca la arcilla depende de varias cosas: 1, la humedad del aire; 2, lo abierta que sea la arcilla y 3 el tipo y tamaño de la pieza.

Por lo que se refiere a la humedad, en los días fríos y secos de invierno, especialmente si usted tiene un sistema de calefacción de aire caliente, las piezas de cerámica pueden secarse completamente en cuestión de horas; mientras que en los días cálidos y húmedos de verano una vasija puede tardar muchas horas en alcanzar el estado de dureza de cuero. La arcilla se seca bastante más rápidamente en Alburquerque, Nuevo México, que en Trenton, New Jersey.

Con respecto a las pasta de arcilla, tamaño y tipo de pieza; una arcilla abierta (arcilla que tenga desengrasante) se seca más rápidamente que una compacta, las paredes delgadas más rápidamente que las gruesas y las partes salientes más de prisa que el resto de la pieza.

Una pieza de cerámica deberá siempre dejarse secar lo más uniformemente posible; por ello es una buena idea recubrir con plástico las áreas que tienden a secarse más rápidamente.

¿Con qué rapidez debe dejarse secar una pie-

26

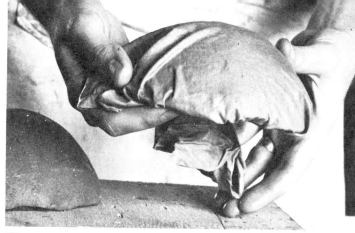

27

28

za? Esto depende de varias cosas. Una vasija de tamaño medio con paredes uniformes puede dejarse secar simplemente dejándola descubierta. Las piezas compuestas, las que tienen salientes, las piezas con paredes irregulares, las que tienen refuerzos interiores de arcilla, se deben dejar secar muy lentamente y desde el interior hacia afuera. Esto se logra cubriendo la pieza apretadamente con plástico delgado hasta que toda la arcilla parezca estar en el mismo estado de sequedad. Es importante quitar el plástico de vez en cuando, para sacudir la condensación que hay en él. Una vez que la arcilla está a dureza de cuero puede ser suficiente envolver el plástico flojamente sobre la pieza. Cuando la arcilla tiene un aspecto grisáceo y parece tan dura como una tabla, el plástico puede quitarse completamente. Para piezas muy complicadas este proceso puede tomar de 2 a 4 semanas o más.

El secado forzado, esto es, poner la pieza al sol o bajo lámparas de calentamiento o en estu-

fas, etc., debe hacerse con gran cuidado y sólo si es absolutamente necesario. Este sistema tiende a secar las piezas muy desigualmente y mayormente sobre la superficie; muy a menudo el resultado son tensiones innecesarias, grietas y alabeos.

Las vasijas pueden guardarse húmedas y en un estado trabajable durante semanas si se envuelven adecuadamente. Yo utilizo dos capas de plástico, una muy delgada, la otra más gruesa; pulverizo el plástico delgado con una neblina de agua, de manera que se pegue muy apretadamente sobre toda la arcilla, como una piel [26]. Luego lo envuelvo en el plástico grueso asegurándolo con alfileres y teniendo cuidado de no dejar ninguna abertura por la que pueda escapar la humedad.

La arcilla que se haya hecho algo dura puede reablandarse envolviéndola con una tela o una toalla de papel húmedas (no chorreando humedad) [27] y luego con plástico [28]. Yo lo dejo durante 10 o 20 minutos y después lo compruebo. Si se deja reposar demasiado tiempo la toalla de papel o la tela pueden reabsorber la humedad de la arcilla. Yo aconsejaría este procedimiento sólo para pequeñas piezas, o para el borde o la sección de arriba de una pieza. No intente nunca ablandar una superficie que haya de soportar un peso considerable. Tenga también cuidado de que no corra agua hacia abajo por las paredes de su pieza y se recoja en el fondo.

La arcilla que está demasiado seca para ser marcada con la presión de los dedos, corrientemente es demasiado dura para volverla a ablandar.

Conformabilidad de la arcilla

La maldición y la belleza de la arcilla es su conformabilidad. Cada vez que uno la toca deja una señal. Para los profesionales que han aprendido a autodisciplinarse esto es un regalo, mientras que para los principiantes es una experiencia frustrante. Es muy difícil aprender a tocar la arcilla solamente cuando es absolutamente necesario y de ser siempre cuidadoso de cómo se toca. Los ceramistas tienen una forma especial de tocar la arcilla. Es un toque que investiga, siente y ve; un toque que es firme y a la vez delicado. Usualmente los dedos están ligeramente arqueados o rectos en tensión a todo su través. No son las puntas extremas de los dedos las que tocan la arcilla, sino las yemas, la parte más sensitiva del dedo. No se puede enseñar este toque especial, uno debe luchar por él hasta que llegue. El aspecto de la arcilla, el frescor y la tensión de su superficie le dirán si usted lo tiene o no. Debido a la conformabilidad de la arcilla es esencial que ambas manos trabajen juntas, una apoyando a la otra o contrarrestando la presión de la otra.

La conformabilidad de la arcilla exije también que el que la trabaja se conforme a las necesidades de la arcilla. Las piezas bien logradas son el resultado de un diálogo entre la arcilla y el constructor.

Las uniones, los espesores de pared, las etapas de trabajo, los soportes, la pegajosidad y conformabilidad de la arcilla, el secado, son todas cuestiones relacionadas con casi cualquier cosa que haga usted con la arcilla. Los procedimientos están enraizados en las máximas de la arcilla, anteriormente explicadas, a saber: que la arcilla es plástica y que se contrae y se endurece a medida que se seca.

Sin embargo, los procedimientos permiten a veces un gran campo de variación y amplitud. Esto es debido parc almente al hecho de que hay diferentes tipos de pasta de arcilla con características ampliamente variables, tales como contracción, plasticidad, etc., y también porque muchos términos son relativos; por ejemplo, la dureza de cuero sólo puede ser descrita en relación con sus límites, es el estado entre el estado plástico y el de dureza de hueso; hay muchos estados de dureza de cuero.

Las reglas y procedimientos sólo pueden ser usados como líneas de guía. Es importante conocer las reglas pero éstas solamente deben aumentar nuestra atención a los límites y no hacerse restrictivas. Uno puede tomar la actitud de que conocer las reglas le permite romperlas inteligentemente.

5
Métodos de conformación

Cuando uno piensa en formas cerámicas, como he indicado antes, uno tiene que pensar casi siempre en términos de formas huecas. Las formas huecas pueden lograrse de numerosas maneras.

Al aplicar los métodos y técnicas de conformación no hablaré (como se hace usualmente) en términos de rollos, placas, pellas o el uso de moldes como temas separados, sino que en vez de esto agruparé las técnicas de acuerdo con los principios de construcción de: 1, trabajo a partir de un sólido; 2, combinación de pequeñas unidades de construcción para construir una forma y 3, construcción de una pieza a partir de una o más unidades grandes.

1. Una forma hueca puede obtenerse partiendo de un sólido, el sólido puede ser agujereado de alguna forma (con el pulgar o un palo), y la forma va llegando a medida que las paredes se adelgazan por presión desde dentro y fuera. También puede determinarse la forma exterior como un sólido y luego cortar la abertura en el estado de dureza de cuero tallándola, o empujando un palo a través de la parte más gruesa de una pieza. Además pueden hacerse formas huecas, tubulares, de una pieza sólida de arcilla con la ayuda de un extrusor.

2. Puede construirse una forma uniendo pequeñas unidades de construcción. Las pequeñas unidades pueden tomar numerosas formas, tales como: rollos, pequeñas placas, bolas de arcilla, pellas de arcilla, etc. Son esenciales los métodos adecuados de unión con el fin de evitar agrietamientos posteriores.

3. Puede llegarse a una forma utilizando grandes unidades de construcción. Estas casi siempre toman la forma de placas, que constituyen las paredes de la forma o espacio incluído para realizar la forma completa. Las placas de arcilla pueden ser plásticas o a dureza de cuero. En el estado plástico la placa puede ser trabajada directamente o en conjunción con elementos auxiliares, tales como soportes o moldes.

Además explicaré la técnica del paleteado. El paleteado es un método de conformación en tanto que refina y altera la forma hecha previamente; puede utilizarse conjuntamente con todas las otras técnicas.

Ningún trabajo de los que se muestran en esta sección, pueden considerarse como un producto acabado. La importancia estará en el proceso más que en el producto, con la esperanza de que el proceso pueda conducir a diferentes productos para cada lector.

También se espera que los procesos tratados en términos generales basten para conducirle a maneras de trabajar con la arcilla que sean personales y únicas.

Conformación a partir de un sólido

Los métodos de conformación, a partir de un sólido quedan comprendidos generalmente en dos categorías: 1, cuando la pieza se forma a medida que se va adelgazando la arcilla y 2, cuando la forma se acaba como un sólido y el hueco interior se hace después. En todas las técnicas a partir de un sólido es esencial que la arcilla esté extremadamente bien amasada, de manera que no tenga burbujas o partes de consistencia desigual.

En la primera categoría se incluyen tres procedimientos: 1, el método de perforación; 2, el método del palo y 3, el método de formas extruidas con la ayuda de una máquina.

Método de perforación

Uno de los procedimientos más simples para hacer una forma es tomar una bola de arcilla del tamaño aproximado de un puño, introducir un pulgar en el centro [29] y adelgazar la pared aplastándola hacia arriba, y afuera entre el pulgar por la parte de dentro y los otros dedos por fuera, mientras se hace girar la vasija sobre la otra mano [30-31].

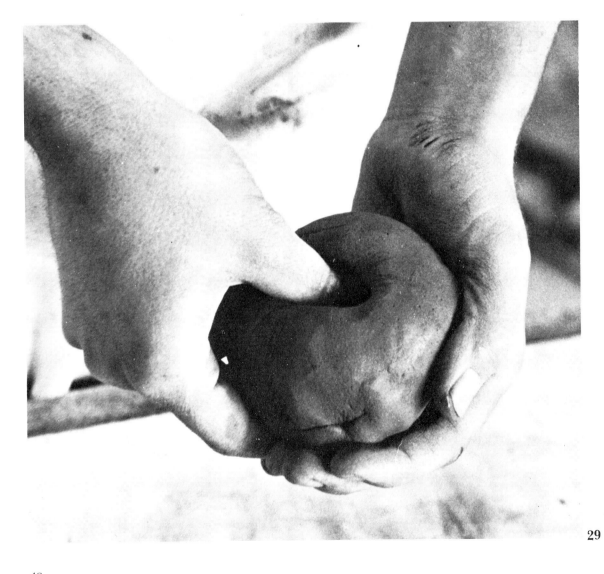

29

30

31

32 33

Presione con el pulgar hacia abajo, tanto como pueda (32), pero dejando suficiente arcilla para el fondo de la pieza. Después mueva la mano desde el fondo hacia el borde en pequeños pasos, aplastando cada vez la arcilla suavemente entre el pulgar por dentro y los otros dedos por fuera [33]. Es importante aplastar suavemente de manera que la pared se adelgace un poco cada vez. Después de llegar al borde gire unos 6 mm y adelgace la pared otra vez desde el fondo hacia arriba. Repita este procedimiento hasta que toda la vasija sea tan delgada como desee. Este procedimiento de adelgazamiento puede necesitar varias vueltas, ya que usted sólo adelgaza la pared un poco cada vez.

La pared puede adelgazarse aun más estirando la arcilla hacia arriba con el pulgar, moviéndola desde el fondo hasta el borde [34]. La forma puede abultarse hacia afuera en algunos lugares utilizando la misma acción de estirado [35].

Aunque esta técnica es sencilla, se ha de desarrollar una sensibilidad hacia la arcilla y una habilidad para apreciar el espesor de la pared con los propios dedos.

Observe cuidadosamente la respuesta de la arcilla a la presión de sus dedos, y la forma cómo se mueve la arcilla. Es una buena idea trabajar con los ojos cerrados para desarrollar la sensibilidad por la arcilla.

Las formas que pueden hacerse por esta técnica son obviamente limitadas en tamaño, pero no en expresión. Paulus Berensohn en *Finding One's Way with Clay*, libro dedicado enteramente a esta técnica, explica completamente toda la gama de posibilidades. Por ejemplo, comenzando intencionadamente fuera del centro, se puede cambiar el equilibrio visual; el borde puede tratarse de muchas formas diferentes y la superficie puede ser paleteada, rascada o texturada. Las formas pueden abrirse ampliamente o cerrarse. Además pueden combinarse varias piezas para formar una más complicada.

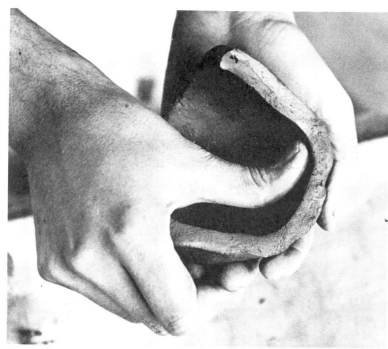

34

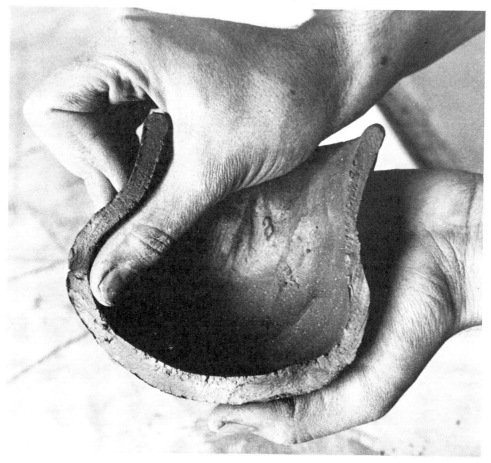

35

36

Método del palo

Otro procedimiento para hacer una forma partiendo de un sólido, es introducir un palo a través del centro de un bloque cilíndrico o cónico de arcilla [36] y adelgazar las paredes laminando la arcilla sobre la mesa [37-38]. La presión contra la arcilla desde el palo, por el interior y desde la mesa por el exterior, la aplasta y la estira horizontalmente. En otras palabras el cilindro se ensancha en diámetro no ganando de altura.

37

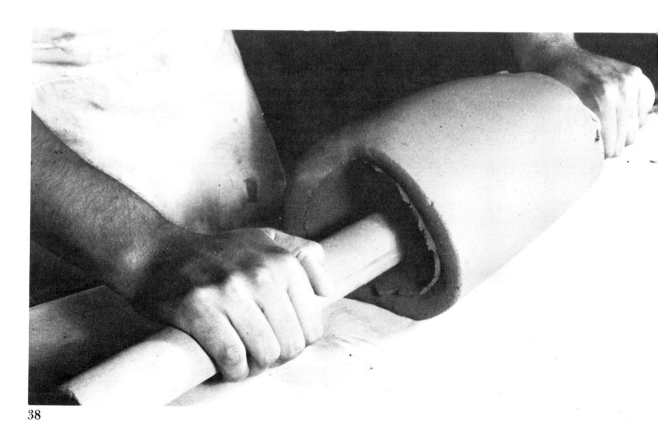

38

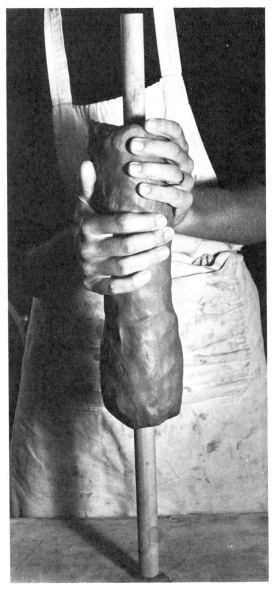

39

40

Al principio puede ser difícil juzgar la relación entre el ancho y el alto de una vasija. Cuanto más grueso sea el cilindro sólido de arcilla más se puede adelgazar la arcilla y más ancho será el cilindro hueco. Con los cilindros altos es difícil empujar el palo a través del centro exacto. En este caso comience con un cilindro más grueso y corto de arcilla, pase el palo a su través, y luego adelgace y alargue el cilindro empujando la arcilla hacia arriba sobre el palo con ambas manos [39].

Esta técnica, como la del método de perforación explota claramente la plasticidad de la arcilla. Se estira la arcilla y la textura resultante puede ser muy interesante. Las formas son simples, cilíndricas o cónicas, aunque pueden ser muy sutiles en la forma en que cambian las curvas. También el borde refleja las fuerzas ejercidas sobre la arcilla, y su sutilidad no puede mejorarse con ningún modelado [40].

El fondo puede añadirse en forma de placa, o puede cerrarse un extremo aplastándolo.

54

Forma extruidas

La obtención de formas con una máquina de extruir, va haciéndose cada vez más popular. Una máquina de extruir es un dispositivo industrial que puede adaptarse a usos creativos de muchas maneras diferentes. La máquina de extruir consiste en un tubo a través del cual es empujada la arcilla, mediante un émbolo que está sujeto a un gato o a una palanca. La arcilla pasa a través de una hilera que la fuerza a tomar formas tubulares. Estas formas pueden ser de diferentes diámetros, huecas o sólidas según la hilera. También son posibles cuadrados u otras formas.

La longitud de la pieza extruida no tiene límite, pero hay ciertas limitaciones en la anchura, por lo menos en las máquinas de extruir con fines de estudio.

Los ceramistas utilizan la máquina de extrusión principalmente para hacer con rapidez formas básicas que después trabajan para fines funcionales o esculturales (ver pág. 195, foto 232).

Método de tallado del agujero

Durante largo tiempo los escultores han utilizado el procedimiento de construir las formas sólidas y luego las ahuecaban una vez terminadas. Los ceramistas habían despreciado este procedimiento porque el tallado parecía negar las cualidades de plasticidad de la arcilla y desperdiciar material. Sin embargo, «la arcilla desperdiciada» puede reprocesarse y la calidad plástica de la arcilla puede explotarse plenamente cuando uno da forma a una pieza sólida. Un bloque sólido de arcilla reacciona a la presión de una forma diferente que una forma hueca; son posibles muchos tipos diferentes de formas, superficies curvadas y texturadas.

Si la pieza es bastante gruesa es necesario abrirla cortándola, ahuecarla y volver a unir los trozos [41]. Este corte ha de ser trabajado en el diseño de la forma. A veces cuando se trabaja

41

55

42

con formas delgadas, por ejemplo, puede ser suficiente empujar un palo a través de la parte más gruesa de la pieza [42].

Las técnicas de trabajado a mano que comienzan con una pieza sólida, son relativamente pocas. La técnica que más corrientemente lo hace en cerámica es el torneado; que yo he tratado exclusivamente en mi libro anterior *Cerámica al torno*.

Conformación con pequeñas partes

Mientras que las formas hechas partiendo de un sólido tienen pocas o ninguna junta, el uso de pequeñas partes se traduce en una red de juntas.

Primero trataré de cómo hacer las pequeñas partes y luego sugeriré las maneras de unirlas. Además explicaré una técnica desarrollada por el Dr. Robert Ramsey de la Universidad del Estado de California, en Long Beach. Yo lo llamo

«el método del pellizco extendido». Combina el método de adelgazar la arcilla sobre la pieza, como cuando se trabaja con un sólido, con los principios de utilizar pequeñas partes.

Pueden construirse formas cerámicas de manera muy parecida a una casa de ladrillos, uniendo unas a otras pequeñas partes. Estas pueden tener forma de rollos, placas, pellas o bolas.

Preparación de pequeñas partes: rollos y placas

Los *rollos* se hacen rodando la arcilla sobre la mesa. Comience comprimiendo la arcilla en su mano para formar un rollo grueso y basto [43]. Después ruede este rollo hacia adelante y atrás sobre la mesa, dándole el movimiento con toda la longitud del interior de las manos [44].

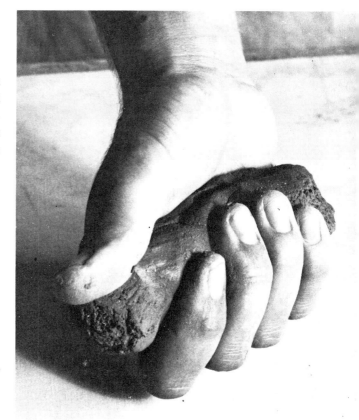

43

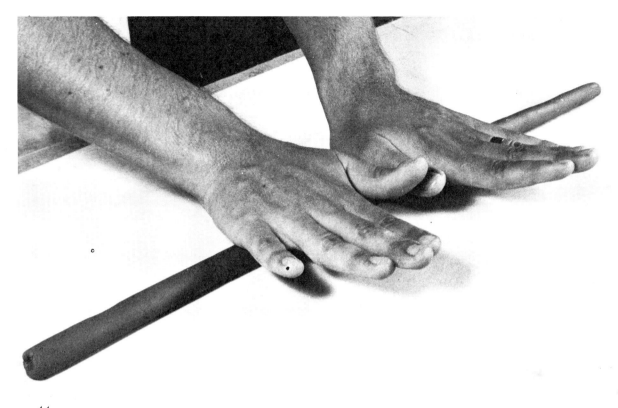

44

Para evitar que el rollo se aplane es importante que no comprima hacia abajo demasiado fuerte, y que el rollo dé por lo menos una vuelta completa cuando se empuje en una dirección.

Para hacer un rollo largo utilice más arcilla, y cuando la ruede comience con las manos en el centro y muévalas separándolas hacia cada uno de los extremos del rollo. La superficie de la mesa debe ser absorbente y es una buena idea comenzar con arcilla más bien húmeda. El rodado seca la superficie de la arcilla lo cual produce el agrietamiento del rollo cuando se dobla. Ruede solamente la longitud que sea absolutamente necesaria.

Si se usa arcilla dura pueden formarse cavidades en el interior del rollo [45].

No utilice estos rollos; las burbujas de aire estallarán en el horno.

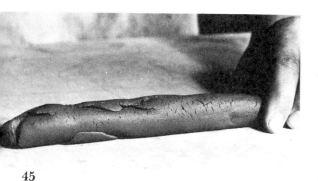

45

Placas. Las placas pueden hacerse de varias maneras. Describiré las más corrientes, que son: 1, palmeteando una placa. 2, golpeándola y 3, utilizando dos listones y un rodillo.

Cuando palmeteo una placa, primero aplano una bola de arcilla poniendo mucho peso sobre la palma y el talón de mi mano y presionando hacia abajo [46] (recuerde tener un trapo debajo). Después, comenzando en el centro yendo hacia los bordes en todas direcciones, adelgazo

46

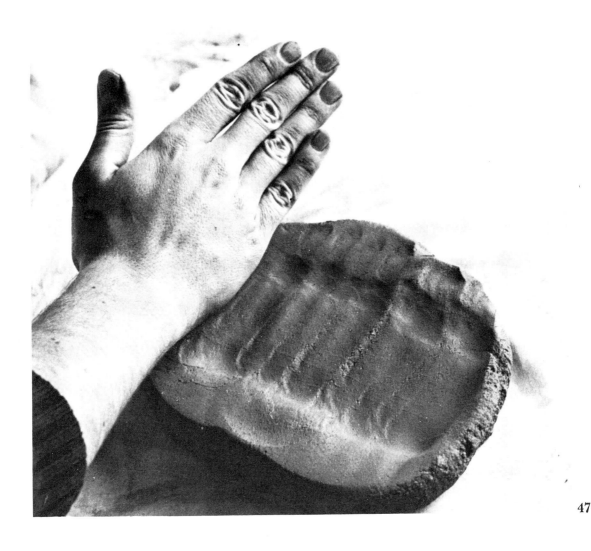

la placa golpeando là arcilla con pequeños golpes, con el borde lateral de la palma bajando en ángulo agudo, con intervalos muy juntos [47-48]. Evito impresiones profundas y muevo la arcilla desde el centro hacia afuera un poquito cada vez. Si voy desde el centro hacia mí, utilizo el talón de la palma [49]. Cerca del borde dejo de golpear para evitar que se adelgace demasiado.

Doy la vuelta con frecuencia a la placa y repito el palmeteado hasta que es tan delgada como deseo. Con alguna práctica es posible conseguir placas uniformes de esta manera. Si necesito una placa perfectamente precisa le aplico un rodillo, laminándola en todas direcciones para evitar que se produzcan tensiones [50].

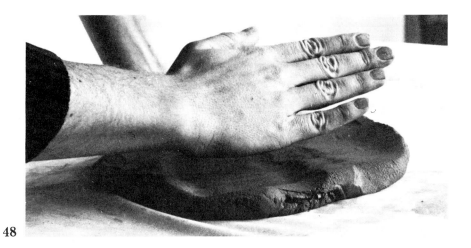

48

49

50

51

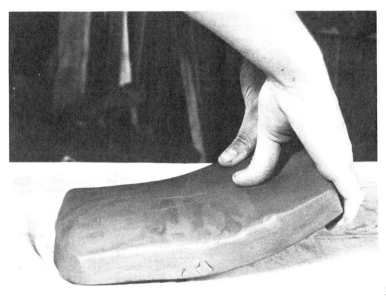

52

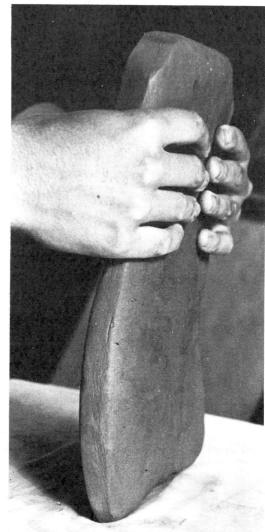

Algunos ceramistas prefieren hacer la placa por golpeado. Haga una forma de bloque con la arcilla [51]. Túmbelo sobre la mesa y agarre el borde más alejado [52], levante la arcilla girándola hacia usted y golpéela hacia abajo [53]. Con esta acción de golpeado, el lado de arriba de la placa se convierte en el lado de abajo y la parte más cercana a usted se convierte en la parte más alejada. La parte más cercana a usted cuando levanta la placa, debe tocar la mesa la primera cuando la golpea hacia abajo. Repita el golpeado tanto como sea necesario, pero entre los golpes enderece los cantos machacándolos suavemente sobre la mesa. De esta manera los cantos no se adelgazarán más que el resto de la placa [54]. La superficie sobre la que golpea la placa debe ser muy absorbente, de lo contrario la arcilla se pegará a ella.

Este procedimiento de golpear las placas puede producir rápidamente placas muy delgadas y uniformes. Las placas tienden a tener una superficie interesante que resulta del extendido de la arcilla. Con el fin de que la arcilla se extienda uniformemente es crucial que esté extremadamente bien amasada.

55

También puede hacerse una placa con un rodillo y dos listones del grueso de la placa. Coloque una masa, parcialmente aplanada, de arcilla entre los listones (con un trapo debajo de ella) y aplástela con el rodillo hasta que los extremos de éste toquen los listones [55]. El problema con esta técnica es que se hacen placas en las que la arcilla está extendida solamente en una dirección, y esto puede producir tensiones que pueden hacer que la placa se alabee durante el secado y la cochura.

Construcción con pequeñas piezas

Vayamos ahora a la combinación de estas piezas.
Para hacer la vasija se comienza corrientemente
con una placa como fondo. La primera línea de
piezas se añade sobre ella y se une al fondo con
un rollo de refuerzo (junta a tope) [56].

56

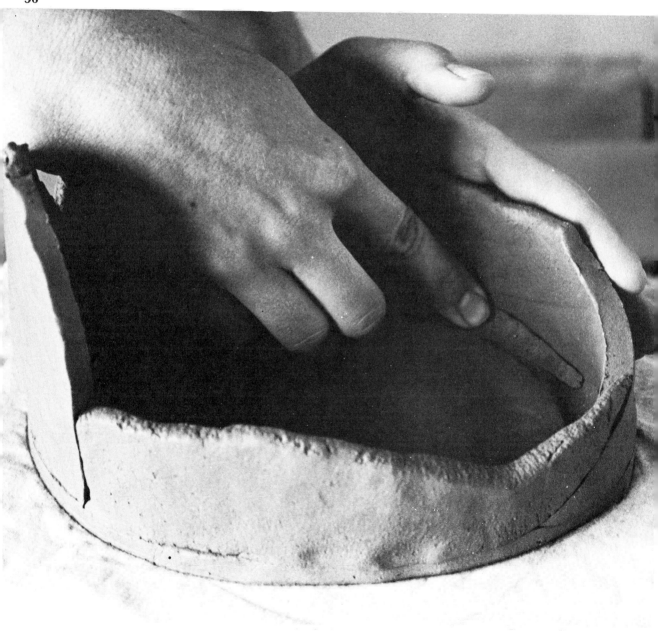

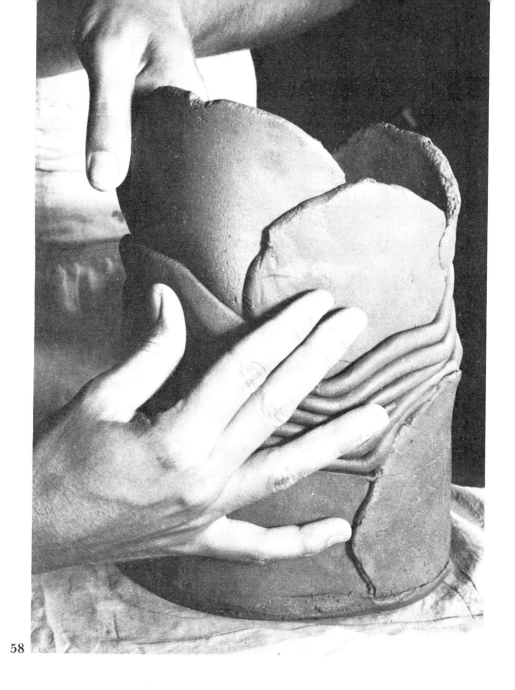

58

Las piezas pueden ponerse a tope con las pró-
ximas [57], o solaparse unas con otras [58].
Cuando coloque las piezas asegúrese de que están apretadas firmemente entre sí, de manera
que el contacto quede bien establecido. Use la
flexibilidad de la arcilla para ajustar las piezas
unas a otras.

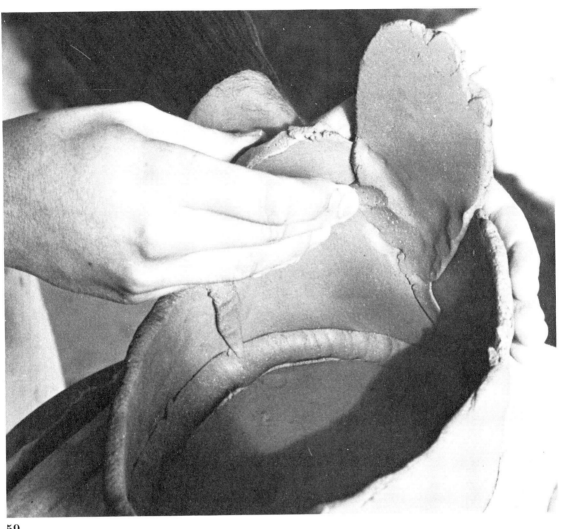

59

El método de unión es dictado por el tipo de junta: refuerzo en caso de uniones a tope, o presionando y desplazando la arcilla de un lado a otro en las juntas a solape [59].

Los rollos se colocan a tope unos sobre otros y, si son demasiado delgados para extender la arcilla de uno a otro, pueden unirse varias filas de rollos a la vez extendiendo una capa de arcilla de por lo menos 3 mm de grueso sobre toda el área. Comience con una pequeña bola de arcilla, aplánela ligeramente y extienda desde el centro de la bola hacia afuera sobre los rollos [60]. Solape parcialmente cada refuerzo con el anterior [61]. Recubra la totalidad del área, no sólo pequeñas partes de ella. No intente, para ahorrar tiempo, utilizar placas planas en lugar de bolas pequeñas, pues las placas pueden atrapar aire.

Fíjese como las manos trabajan siempre juntas, con una mano contrarrestando la presión desde un lado, sosteniendo la pared por el otro [59].

Como se ha indicado la junta sólo es necesario hacerla por un lado, y si se desea se pueden dejar las juntas vistas por fuera para obtener un efecto decorativo.

Los rollos también pueden unirse por la parte

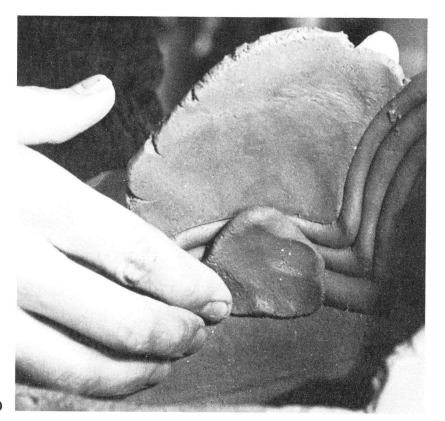

60

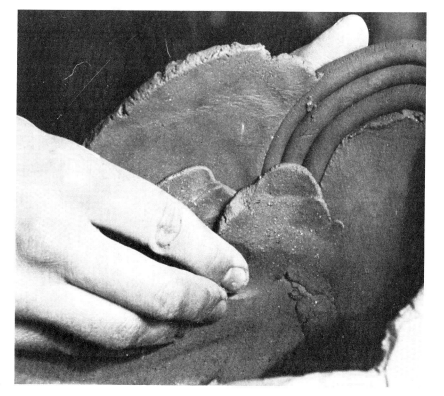

61

exterior, de manera decorativa utilizando una herramienta o el dedo [62].

Pueden dejarse aberturas para fines funcionales o como efecto decorativo. Dejar muchas aberturas pequeñas rodeadas por grandes áreas macizas, es, desde luego, estructuralmente más seguro que dejar grandes aberturas con pequeñas áreas llenas [63]. Si ha de trabajar en etapas, recuerde cubrir el borde superior con plástico y rascarlo y untarlo con limo antes de continuar. Yo también encuentro útil paletear el interior ligeramente para aumentar la resistencia de las juntas; pero sólo después de que la arcilla esté a dureza de cuero, para evitar la deformación del conjunto o el cambio de forma de las piezas. No olvide sostener la pared por el otro lado con su mano cuando paletee.

62

63

64

65

Método del pellizco extendido

El construir con pequeñas piezas dejando las uniones vistas puede traducirse en una textura con dibujos agradables. Esto sin embargo, puede no ser apropiado para todas las formas y finalidades. Si se desea una superficie lisa o casi lisa utilice el método del pellizco extendido, que también puede llamarse el «método de anudado», ya que consiste en entrelazar pequeñas piezas de arcilla.

El fondo se hace de una placa y la primera fila es un rollo aplastado fijado al fondo con un rollo de refuerzo. Se pellizcan pequeñas pellas de un trozo de arcilla [64], se aplanan ligeramente entre las palmas [65] y se añaden al rollo aplastado con un tercio del pellizco solapando el rollo [66]. Luego se empuja hacia arriba el doble espesor resultante, con los pulgares de ambas manos por la parte de fuera apretando contra los dedos en el interior de la vasija [67]. Los dos pulgares aprietan uno hacia otro y hacia arriba. La presión se aplica en pequeños pasos muy seguidos comenzando por la parte de abajo del pellizco y moviéndose hacia arriba hasta que el espesor de la pared se sienta uniforme. Fíjese como el borde de la fila anterior se eleva. Si ha apretado correctamente los pulgares uno hacia otro, formará una arruga vertical en el centro del pellizco [68].

66

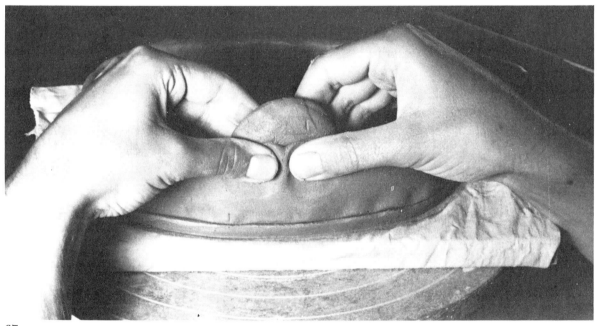

67

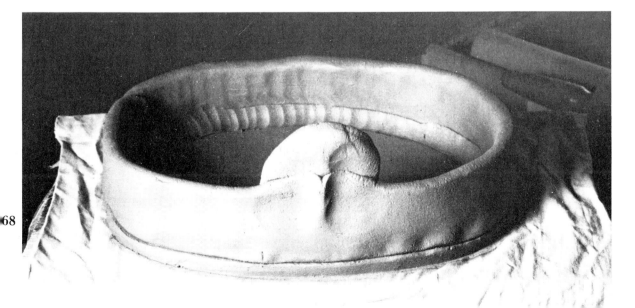

68

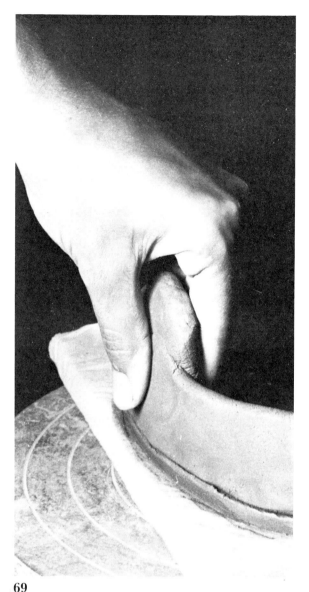

69

Alise este reborde y cualquier otro espesor excesivo de la pared apretando suavemente la arcilla entre los dedos, por la parte interior, y los pulgares, por fuera. Fíjese en que los pulgares y los dedos están extendidos y paralelos unos a otros, y de que se utiliza toda su longitud [69].

Es importante empujar hacia arriba y no hacia afuera y asegurarse de que no se crean puntos delgados. Se han de sentir los puntos gruesos, y aplicar la presión justo para hacer la pared uniforme. Donde sea delgado no comprima. Se añaden sucesivos pellizcos de arcilla cada uno solapándose con el de debajo y el próximo a él [70]. Adelgace cada pellizco a medida que lo añada. Complete una fila todo alrededor y luego comience la próxima fila [71].

Trabaje siempre por el lado de la vasija más cercano a usted; dando vueltas a la vasija, y si es una pieza muy grande moviéndose alrededor de ella. El tamaño y forma inicial del pellizco de arcilla tiene relativamente poca importancia, ya que se adelgazan y ajustan a la forma cerámica. Sin embargo es más fácil trabajar con pellizcos pequeños que con grandes.

El método del pellizco extendido necesita un poco de práctica para aprenderse. Una buena idea es intentar primero lograr un cilindro recto, el cual cortará usted verticalmente por la mitad para comprobar las irregularidades. Si el cilindro se ensancha hacia arriba sin que usted haya intentado hacer esto, es que está presionando hacia afuera en lugar de hacia arriba.

Una vez dominada, esta técnica es extremadamente rápida ya que no se necesita ninguna unión adicional. De hecho su única desventaja es que es tan rápida que uno tiende a ir más allá del punto en que debería parar para dejar que la arcilla tomase dureza de cuero. Cuando yo trabajo por etapas adelgazo la parte alta de la última fila a menos de la mitad del espesor de pared deseado, como preparación para la próxima etapa. Corrientemente se adelgazan simultáneamente la parte alta de la última fila y el pellizco añadido. Cuando comience una nueva etapa, sin embargo, la última fila no puede ser adelgazada fácilmente, ya que está algo a dureza de cuero.

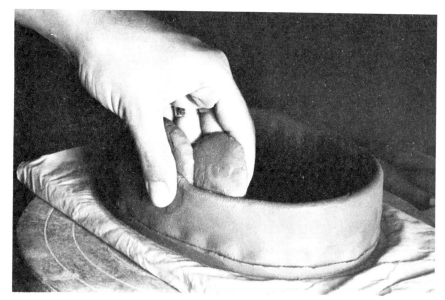

70

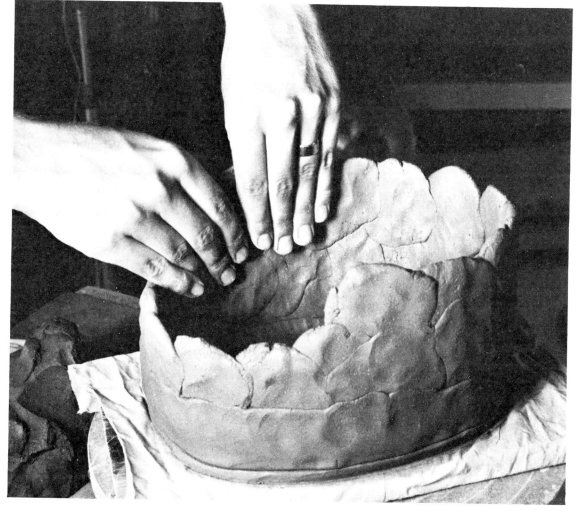

71

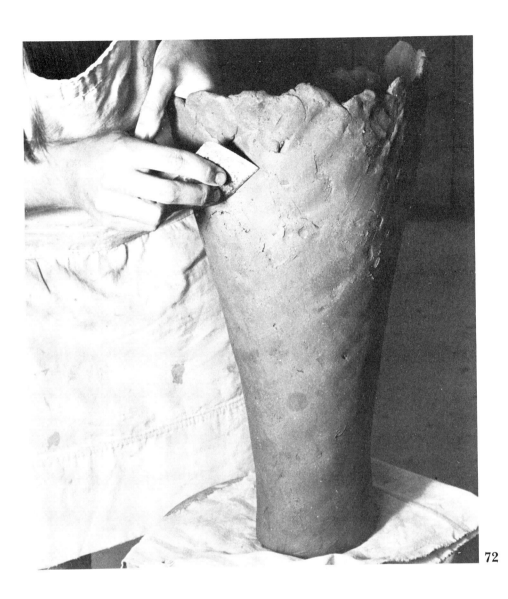

Yo rasco y unto con limo antes de continuar la próxima etapa, incluso aunque el borde de arriba estuviese cubierto con plástico.

Debido al entrelazamiento de los pellizcos, las paredes son muy resistentes. Esta técnica es adecuada para cualquier tipo de forma y cualquier tamaño. La textura y la forma pueden refinarse por paleteado en el estado de dureza de cuero (ver págs. 109, 110; fotos 127-128), o puede conseguirse una superficie lisa rascando con una soleta flexible después de unas pocas filas [72].

Las distintas técnicas de construir formas con pequeñas partes puede dominarse fácilmente y ofrecen una gran variedad de posibilidades: las partes pueden ser pequeñas y delicadas, de bordes duros y geométricos o desgarradas y libremente fluyentes. Se pueden construir grandes piezas tan fácilmente como las pequeñas. Son posibles formas cilíndricas sencillas, formas redondas abultadas, así como formas compuestas complicadas. Al principio estas técnicas pondrán a prueba su paciencia; sin embargo, al ir creciendo la destreza el progreso es más rápido.

Construcción
con partes grandes

Más rápido, pero a menudo más complicado que construir con pequeñas partes, es construir una pieza a partir de una o varias partes grandes. La forma que tiene esta parte es muy a menudo una placa o, como veremos, una forma hecha partiendo de una placa.

Primero explicaré cómo pueden hacerse grandes placas y luego las distintas maneras en que puede trabajar con ellas.

Preparación de placas grandes

Hacer placas grandes puede ser laborioso y cansado. Es algo más fácil si usted. «construye» la placa solapando puñados de arcilla [73] y luego adelgazándolos uno a uno con el lado y el talón de su mano, dé la forma que he descrito para las placas pequeñas (pág. 59-61). Como para las pla-

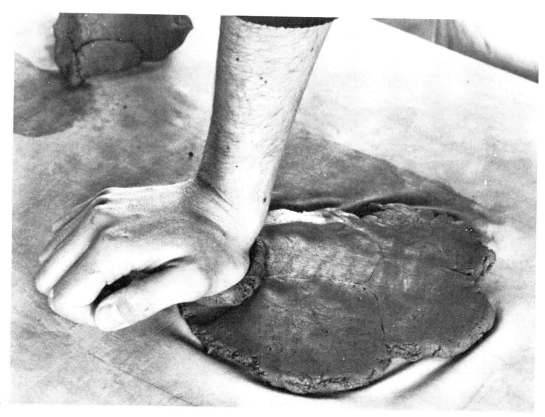

73

74

cas pequeñas puede alisar una placa grande con el rodillo.

Algunos ceramistas golpean placas grandes utilizando el mismo procedimiento que se ha descrito para placas pequeñas [62-63]. Esto sin embargo requiere un poco de experiencia.

Para hacer placas grandes de espesor perfectamente uniforme se puede usar un tablero para placas. Este consiste en un tablero recubierto de lona con dos listones de madera del espesor de la placa clavados en los bordes [74]. Yo palmeteo la arcilla en el tablero de placas, solapando puña-dos de arcilla y palmeteando las juntas con el talón o el borde de la mano.

Yo trato de llegar lo más cerca posible del espesor deseado.

El exceso de arcilla se quita de la manera siguiente: Primero se quita toda la arcilla de encima de los listones de manera [75]. Después apoyando sobre los listones los extremos de una regla la hago girar hacia adelante y atrás 8 a 10 cm alrededor de un punto central [76] esto lo repito cada 12 cm hasta que se forman arrugas salientes sobre toda la placa [77], que pueden

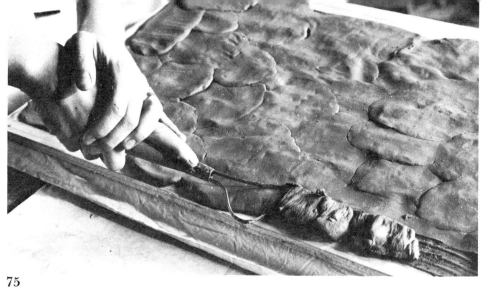

75

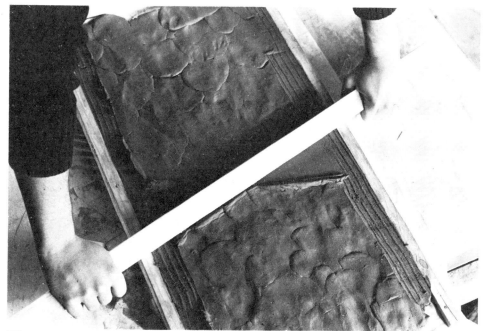

76

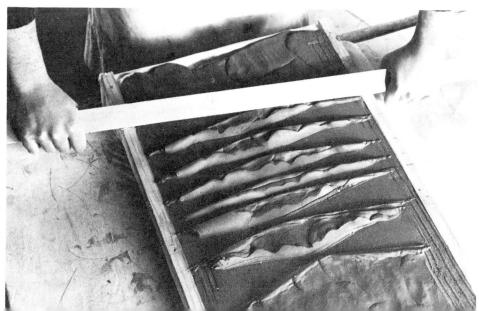

77

78

80

79

cortarse con un alambre o cordel [78]. Luego se quita cualquier exceso de arcilla pasando la regla por encima utilizando los listones como guía [79]. La textura puede alisarse laminando la arcilla con un palo grueso o un rodillo.

Lo que es más conveniente, y ahorra un enorme trabajo, es un laminador de placas. Esta es una máquina, por desgracia relativamente costosa, que obliga a pasar la arcilla a través de rodillos adelgazándola a cualquier espesor que usted desee. Los laminadores de placas ahorran tiempo y trabajo y algunos ceramistas informan que producen placas que son menos propensas a deformarse [80].

Una vez se han preparado las placas puede trabajarse con ellas en dos estados, el plástico y el de dureza de cuero.

80

81

81

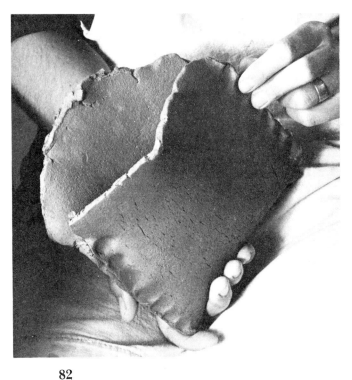

82

Construcción con placas plásticas

Una placa plástica tiene todas las buenas cualidades de la arcilla y también todas las menos deseables. Su plasticidad la permite doblarse y conformarse de muchas maneras diferentes, pero su falta de resistencia estructural limita su uso. Hasta cierto punto las placas plásticas de arcilla pueden trabajarse directamente, pero muy frecuentemente los ceramistas utilizan algunos medios auxiliares que les ayudan a lograr con la placa formas que serían difíciles sino imposibles de obtener de otra manera.

Directamente. Trabajar directamente con placas plásticas proporciona gran flexibilidad. Pueden hacerse vasijas muy rápidamente, utilizando placas para los lados y el fondo [81] o haciendo toda la vasija con una sola placa[82]. Los lados pueden unirse, bien sea por una junta a solape [83] o por una junta a tope [84]; dejando la junta vista o disimulándola alisándola [85].

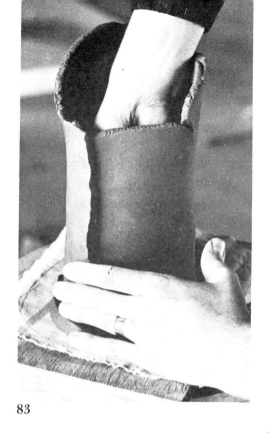

83

84

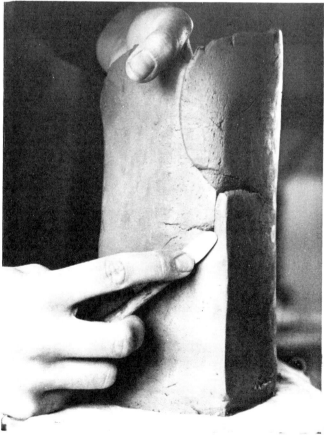

85

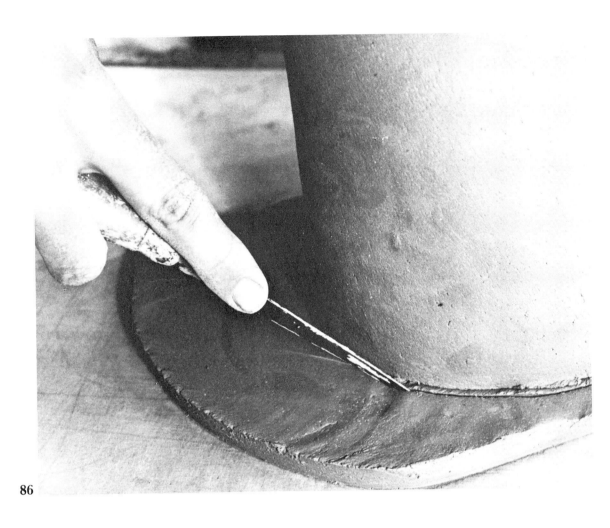

86

Cuando se fija un fondo que no puede alcanzarse fácilmente por el interior para reforzarlo con un rollo, es una buena idea hacer el fondo unos 5 mm más grande [86] y trabajar este exceso de arcilla sobre los lados [87].

Con placas en estado plástico uno debe estar precavido de que la arcilla plástica responde a cada toque, por ello es necesario desarrollar este «cierto» toque para la arcilla (ver pág. 44), a fín de conservar la frescura y evitar un aspecto de retoque o demasiado trabajado.

Trabajar con placas plásticas puede ser muy excitante. La espontaneidad y fluidez caracterizan las mejores piezas hechas de esta manera.

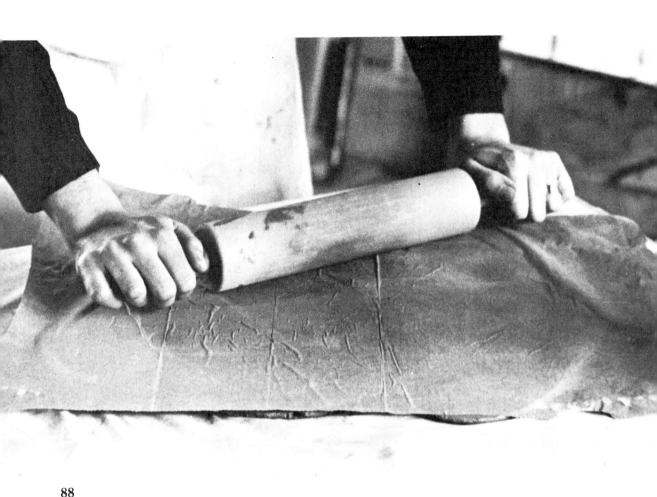

88

Con medios auxiliares. Las placas muy grandes son difíciles de manejar en estado plástico porque tienden a doblarse y gotear por su propio peso. Uno de los muchos medios de aumentar la resistencia de una placa de arcilla es mezclar pajitas cortas o fibras delgadas en la arcilla húmeda. Esto puede hacerse amasándolas en la arcilla o añadiéndolas a la mezcla cuando la arcilla se mezcla inicialmente.

También refuerza la placa el fijar a ella un lienzo moreno o papel de estraza o una hoja de plástico. Empape la placa de arcilla con una esponja, pase un rodillo o frote firmemente sobre el papel o plástico [88]. En estos casos utilice tijeras para cortar la arcilla. Cuando la pieza se haya montado se quita el papel o el plástico.

Aunque estos sistemas alivian el problema del goteado de la placa mientras se maneja, no aumentan la resistencia estructural de la arcilla. Con este último fín los ceramistas han ideado una serie de medios auxiliares que a menudo cumplen dos funciones al mismo tiempo. La mayoría de ellas ayudan a la construcción de una forma que, de otra manera sería difícil, sino imposible, de lograr, sosteniendo la arcilla hasta que su resistencia estructural haya aumentado al secar, de forma que pueda sostenerse por sí misma. Algunos medios auxiliares, además de hacer

89

función de soporte, hacen posible duplicar una forma y tamaño una y otra vez.

Soportes. Cuando se idean medios auxiliares que actúan de soporte, deben tenerse en cuenta varias consideraciones: 1, No se puede dejar nunca que los soportes se interfieran en el camino de la contracción de la arcilla. Como se ha explicado anteriormente los soportes han de ser suficientemente plegables para que la contracción de la arcilla pueda comprimirlos o han de usarse de tal forma que no impidan la contracción de la arcilla. 2, los soportes han de estar colocados de tal manera que puedan quitarse una vez la arcilla pueda sostenerse por sí misma;

en el caso de soportes combustibles pueden quemarse en la cochura, pero sólo si se utiliza un horno de combustible; el humo puede dañar seriamente a los elementos de un horno eléctrico. 3, la arcilla se pegará a los materiales no absorbentes o poco absorbentes; si su soporte es de tal material, debe poner un trozo de papel o trapo, como separador, entre la arcilla y el soporte.

He aquí algunas sugerencias para soportes. Una placa de arcilla plástica puede enrollarse alrededor de un tubo de cartón [89]. El tubo de cartón debe recubrirse primero con papel para evitar que la arcilla se pegue a él. El tubo tiene que quitarse casi inmediatamente a menos que se

90

91

92

93

haya rodeado con goma espuma, que pueda comprimirse suficiente para permitir la contracción de la arcilla [90]. A causa de su elasticidad, la goma espuma puede utilizarse en circunstancias variadas [91]. Un relleno de papel de periódico actuará como soporte en el interior (siempre que se pueda comprimir para permitir a la arcilla contraerse) [92]. Una hamaca hecha con un trapo suspendido en el interior de una caja, o cualquier otra estructura, soportará una placa de arcilla curvada o una forma, hasta que se endurezca a cuero [93]; el uso de una hamaca es especialmente práctico ya que no impide la contracción de la arcilla. También actúa como un buen soporte el aire en el interior de una forma total-

mente cerrada; sin embargo, una vez que la arcilla comienza a contraerse, usted debe proporcionar un agujero a través del que puede escapar el exceso de aire.

Estos son solamente unos ejemplos de las maneras en que pueden usarse los soportes. Mientras tenga en mente que la arcilla se contrae al secarse y que se pega a los materiales no absorbentes, usted puede idear sus propias maneras de sostener sus formas.

Duplicación. La industria ha perfeccionado la técnica de los moldes para duplicar las formas una y otra vez; los ceramistas precolombinos, por ejemplo, utilizaban como moldes formas bizcochadas, ya que el material cocido a bizcocho es

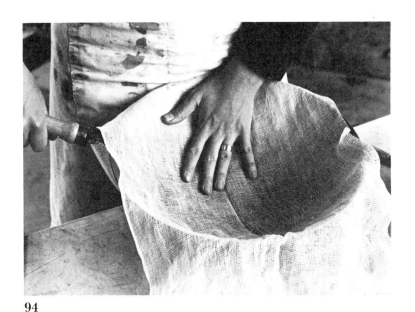

94

muy absorbente. Los ceramistas contemporáneos utilizan diferentes tipos de moldes, no precisamente para la producción en masa, sino para hacer ciertas formas que son difíciles de lograr sin moldes o que pueden utilizarse una y otra vez como formas básicas que pueden alterarse, embellecerse o combinarse con otras.

Es en este sentido en el que explicaré el molde para prensar y el molde para envolver.

En el caso de los *moldes para prensar* se utiliza el interior de una forma. La arcilla se prensa dentro de la forma, bien sea recubriendo el interior con trozos pequeños de arcilla [95] o presionando suavemente una placa dentro de ella [96]. Casi cualquier cosa puede utilizarse como molde de prensar, pero al escoger un molde hay que tener en cuenta dos consideraciones importantes: 1, La abertura del molde debe ser igual al diámetro mayor del espacio interior; de lo contrario el molde de prensar ha de romperse para sacar la forma de arcilla de él. 2, El molde de prensar ha de estar recubierto con trapo o papel, a menos que sea tan absorbente que la arcilla no se pegue a él (como sucede en el caso de moldes hechos de yeso). La tela de quesero proporciona un recubrimiento perfecto para cualquier molde que tenga poca o ninguna absorbencia; se estira en distintas direcciones y evita las huellas que dejan los pliegues de otras telas [94]. (En algunas piezas tales pliegues pueden ser interesantes.) Una vez que el interior se ha recubierto con una capa uniforme de arcilla, ésta puede dejarse secar en el molde a dureza de cuero o a dureza de hueso, según lo que se desee hacer con ella. Ciertas formas incluso pueden sacarse del molde inmediatamente. Las semi esferas, por ejemplo, mantienen su forma si se colocan sobre el borde [98] y si no son manejadas. Para sacar la forma del molde, lo mejor es darle la vuelta con ayuda de un tablero [97].

95

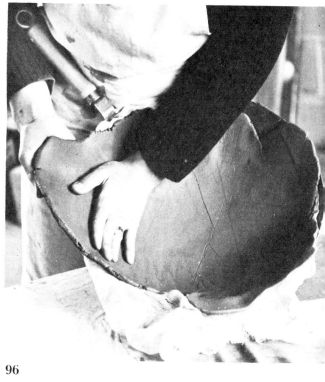

96

97

98

En el caso de un *molde para envolver,* se utiliza el exterior del molde [99]. También casi cualquier cosa puede usarse para el molde: pequeñas formas hechas de arcilla maciza, objetos domésticos o formas hechas de yeso.

Hay que tener presente las mismas consideraciones que con los moldes de prensar, a saber: la forma del molde y el material de que está hecho. En cuanto se refiere a la forma del molde no ha de haber en ella contradespullas (no debe haber disminución de tamaño de arriba hacia abajo) que impidieran separar la forma del molde. Si el molde es más bien alto, debe hacerse un corte en forma de flecha para ajustarse la placa a la forma del molde [100]. Sin embargo, la mayoría de las veces la placa puede estirarse para ajustarse a la forma [102]. Si el material del que está hecho el molde es de pequeña o ninguna absorbencia, debe utilizarse un recubrimiento [101].

99

100

101

102

El problema con un molde de envolver es que no permite a la arcilla contraerse (a menos que se utilice debajo una capa de goma espuma). Por esto la pieza ha de ser levantada tan pronto como sea posible. Si se utilizan las dos manos para esto [103] y la pieza se coloca boca abajo, sobre el borde casi no se produce deformación.

Otros elementos diferentes de los moldes pueden utilizarse para duplicar formas. Elementos auxiliares tales como los que se han explicado en el apartado de soportes (pág. 87-89), ayudan a hacer formas que pueden no ser exactamente iguales, pero si son lo suficientemente parecidas para un cierto tipo de trabajo.

Tanto los medios auxiliares de soporte, como los moldes amplían grandemente el repertorio de formas cerámicas, especialmente si uno contempla estos métodos como puntos de partida en el proceso de hacer una pieza. Muchas de estas formas pueden combinarse con otras, continuarse por otro método o cambiarse y afinarse por paleteado.

103

104

105

Preparación de moldes de yeso

Gran número de objetos pueden utilizarse como moldes; si se trabaja mucho con ellos, los moldes de yeso son convenientes por su absorbencia. Pueden hacerse con relativa facilidad y si se manejan con cuidado duran largo tiempo.

Primero busque una forma que pueda servir de modelo, modifíquela utilizando arcilla [104], o haga un modelo totalmente de arcilla. Coloque el modelo sobre una superficie plana y limpia y

106

107

coloque un rollo alrededor de él, aproximadamente a unos 12 mm separado de la forma. Después recúbralo todo, incluso la superficie de la
mesa y el rollo, con vaselina [105]. Mezcle el
yeso siguiendo las instrucciones del envase, o utilizando el siguiente procedimiento. Añada el yeso a agua fría salpicándolo uniformemente sobre
toda la superficie. Haga esto hasta que aparez-
can pequeñas islas de yeso sobre el agua [106].
Sólo después introduzca sus manos en la mezcla
y mezcle suavemente el yeso y el agua, moviendo
toda su mano bajo el agua [107]. Cuando la mez-

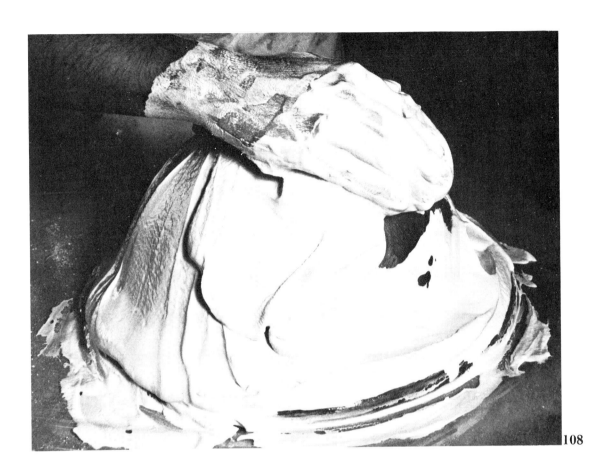

cla se haya removido bastante espere para que se espese ligeramente y luego trabaje sobre el modelo construyendo un grueso de por lo menos 12 mm [108].

Asegúrese de que el yeso no se extiende más allá del rollo de arcilla, sino que termina sobre la parte alta de éste. Alise rascando el yeso a medida que se va fraguando [109]. Cuando el yeso se ha endurecido y secado se retiran la forma y el rollo y se afina el molde, rascando y lijándolo. Redondee todos los cantos con una lima. El espacio dejado por el rollo de arcilla proporciona un rebaje conveniente para levantar el molde [110].

Con el interior y el exterior alisado por lijado este tipo de moldes puede usarse como molde de envolver o molde de prensar.

Para hacer las placas de yeso para reprocesar la arcilla y amasar, siga las instrucciones de mezclar el yeso. Cuando el yeso comience a espesarse ligeramente vierta la mezcla en un molde previamente preparado. El molde debe ser fuerte y sin fugas; y no olvide recubrir el molde con vaselina o el yeso se pegará a él. Aun cuando el yeso, debido a su alta capacidad de absorción del agua, es el material ideal para moldes y tableros de amasar, se debe ser muy cuidadoso cuando se trabaja con arcilla sobre el yeso, para evitar cualquier contaminación de la arcilla con yeso. El yeso absorbe continuamente agua y se hincha en el proceso. Esto significa que incluso la más pequeña partícula de yeso en una pared de arcilla puede producir después el desprendimiento de una gran astilla de arcilla.

109

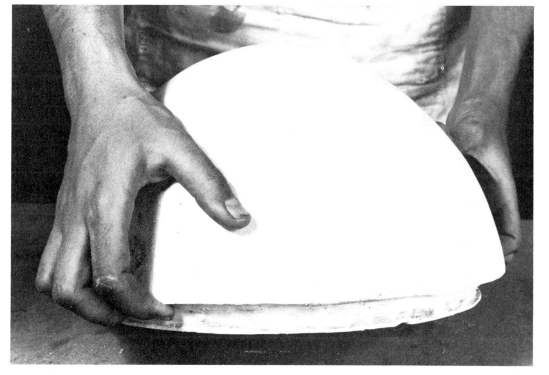

110

111

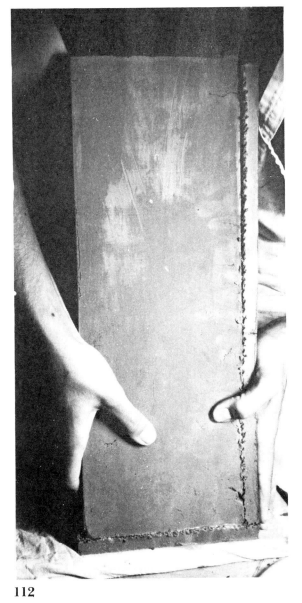

112

Construcción con grandes placas a dureza de cuero

La dureza de cuero es el estado entre el plástico y el secado a hueso. En este caso la arcilla se le ha dejado perder algo de su plasticidad, para aumentar su resistencia estructural. Sin embargo, dureza de cuero es un término relativo. Puede significar cualquier cosa desde una pérdida parcial de la plasticidad y algún aumento en re-

sistencia, hasta la pérdida casi total de la plasticidad y una resistencia estructural cercana a la de la madera.

La arcilla a dureza de cuero se comporta y reacciona de manera diferente que la arcilla plástica y por ello ha de ser tratada y considerada diferentemente. La mayor resistencia estructural de la arcilla a dureza de cuero permite mayor libertad en el manejo de la arcilla. Los trozos con los cuales se construye pueden ser más grandes y

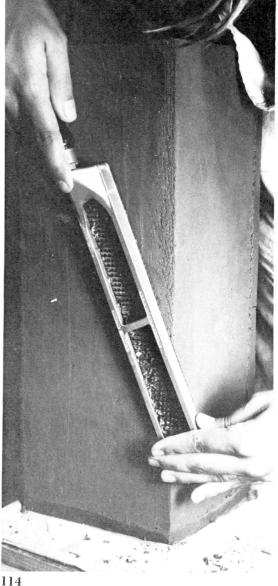

113   114

las formas posiblemente más complejas que cuando se construye con placas plásticas. La pérdida de plasticidad, por las mismas razones, influencia el aspecto. Las formas tienden a ser más rígidas. La precisión, más que la fluidez, es el carácter dominante de las piezas que aprovechan la naturaleza de la arcilla a dureza de cuero.

Si se desea, la pérdida de plasticidad puede disimularse, al menos hasta cierto punto, mediante un cuidadoso planeamiento. Las placas,

por ejemplo, pueden ondularse, texturarse o conformarse de cualquier otra manera en el estado plástico, permitir que tomen la dureza de cuero y luego montarlas en formas precisas, fluyentes, orgánicas o geométricas.

Al construir con grandes partes en estado de dureza de cuero, se pueden distinguir entre dos técnicas básicas: 1, combinación de placas planas a dureza de cuero [111-114], o 2, combinación de partes que se han conformado de alguna manera

en el estado plástico [115-119]. En el montaje no se ha de hacer ninguna diferencia real entre los dos tipos. Sin embargo, al diseñar las piezas es conveniente estructuralmente no pensar en la placa de arcilla a dureza de cuero como en una pieza de madera. Siempre que se utilice una placa a dureza de cuero debería ser, si es posible, curvada aunque sólo sea muy ligeramente. De esta manera puede responder a las tensiones de secado y cochura.

Al montar placas y/o formas a dureza de cuero es importante tener presente dos consideraciones: 1, Todas la piezas deben tener aproximadamente la misma consistencia; porque debido a la contracción de la arcilla al secarse, mezclar placas a dureza de cuero y plásticas se traducirá lo más seguramente en agrietamientos y deformaciones. 2, Los métodos de unión adecuados son de la mayor importancia al montar partes a dureza de cuero, ya que con la mayor dureza la

116

117

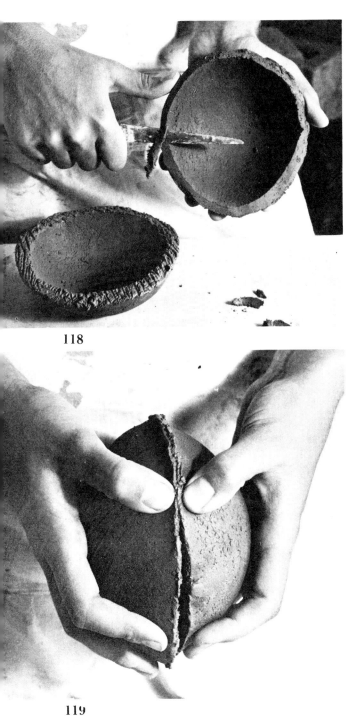

118

119

probabilidad de que se mantenga la unión al secarse y cocer disminuye; todas las juntas deben
ser rascadas y embadurnadas con limo, conside-
rando cuidadosamente dónde se reúnen las placas y dónde tocan a los refuerzos la arcilla con
dureza de cuero [111, 115]. Bisele los bordes para lograr la máxima área de contacto [118], y
asegure el buen contacto presionando las piezas
juntas [112, 116, 119] y paleteándola [113, 117].
Sea cuidadoso en paletear en la dirección que
tiende a reunir apretando la junta [117].

Las juntas pueden tratarse de distintas maneras. Pueden dejarse vistas, incluso destacarse, o
disimularse totalmente (ver: unión pág. 35; foto
21).

Para lograr un aspecto de precisión, los con-
tornos pueden trabajarse con herramientas para
madera, tales como una herramienta Surform
[114]. Para una impresión suave, las aristas pueden redondearse por paleteado o rascado [113].

El montaje de piezas a dureza de cuero es
solamente un paso del proceso total de hacer una
forma. Hay la fase preparatoria, el montaje y
luego la fase de refinado y enriquecimiento en la
que la superficie puede ser texturada. Pueden ser
logrados cambios sustanciales por paleteado o
pueden combinarse distintas formas y técnicas.

El trabajo con grandes placas a dureza de
cuero, o formas a dureza de cuero, que han sido
previamente conformadas, es probablemente la
técnica más corrientemente usada por los ceramistas profesionales. Permite explotar la plasticidad de la arcilla y la resistencia estructural de la
arcilla a dureza de cuero, para lograr una gran
variedad de formas, desde las que fluyen libremente a las construidas precisa y rígidamente y
desde las simples a las muy complejas.

120

Paleteado

El paleteado se usa frecuentemente para reforzar las juntas (ver pág. 35) y controlar la textura y superficie (ver págs. 109, 110, fotos 127-128) de una pieza cerámica. También puede jugar una parte importante en el proceso de conformación. Piezas previamente conformadas pueden ser alteradas sustancialmente por paleteado [120] o pueden ser afinadas y aclaradas. El paleteado

puede traducirse en formas sutiles y altamente controladas y son posibles numerosas variaciones de una forma básica [120].

La forma a paletear puede hacerse por cualquier procedimiento y debe reflejar las proporciones básicas de la pieza final. La importancia de las alteraciones de la forma que pueden hacerse dependen en parte de las consistencia de la

121

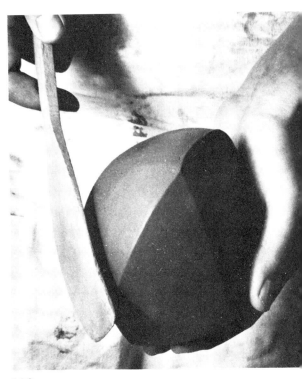

123

122

104

124

arcilla cuando se paletea. La mayor parte del paleteado se hace en estado de dureza de cuero blando, o en estado de dureza de cuero. La forma en este caso solamente se mueve donde toca la paleta, lo cual proporciona un gran control.

Es muy importante utilizar la paleta correcta y paletear de la manera adecuada. Como se ha explicado al hablar de las herramientas (pág. 14) es difícil, sino imposible, encontrar paletas en los departamentos de herramientas, incluso de las casas de suministros de cerámica mejor equipadas. En la mayor parte de los casos las paletas se adaptan de otros usos, tales como cucharas, palos de béisbol, o son hechas por los propios ceramistas.

Las paletas corrientemente deberán ser de madera (por la absorbencia de la madera) y deberán tener un cierto peso. Según el tamaño y forma de la pieza a paletear se necesitan diferen-tes paletas: cuanto mayor sea la pieza mayor la paleta; para una superficie plana una paleta pla-na (con los cantos lijados para evitar indentacio-nes) [121]; para curvas cóncavas, una paleta con-vexa, etc. [122].

Se paletea desde la muñeca, en golpes cortos muy poco separados. La paleta debe considerar-se una extensión de la mano, sintiendo su acción sobre la forma. Es importante mantener limpia la paleta (para obtener la densidad de superficie deseada) y seca (o se pegará a la arcilla). Siem-pre que sea posible contrarreste la presión del paleteado apoyando la pared por el lado opuesto con la mano. El paleteado significa para mí el control absoluto de la forma: los planos pueden hacerse exáctamente formando el ángulo de una manera determinada, los cantos pueden colocar-se exáctamente [123] y hacerse agudos o chafla-nados. Las superficies pueden texturarse [124].

Los bordes [125] así como los fondos [126] pueden esculpirse.

El paleteado suave por un lado, de una forma totalmente cerrada, hace que se abombe por el otro lado de forma natural, debido a la fuerza del aire interior.

Aunque usualmente se paletea por fuera, pueden lograrse formas interesantes paleteando desde dentro hacia afuera. El paleteado lleva a las partículas de arcilla a juntarse más cerradamente, lo cual parece al mismo tiempo hacer la arcilla más húmeda. Si la arcilla se hace gomosa pare el paleteado y deje que se seque un poco.

Cuando se paletean formas totalmente cerradas, muy a menudo disminuye el volumen interior, por lo que debe disponerse un agujero que permita escapar al exceso de aire.

El paleteado es una técnica, por lo que yo sé, propia únicamente de la arcilla. La madera, el yeso y la piedra han de ser lijados, rascados y tallados, pero la arcilla se mueve bajo mi paleta a dónde yo quiero con un mínimo de esfuerzo.

125

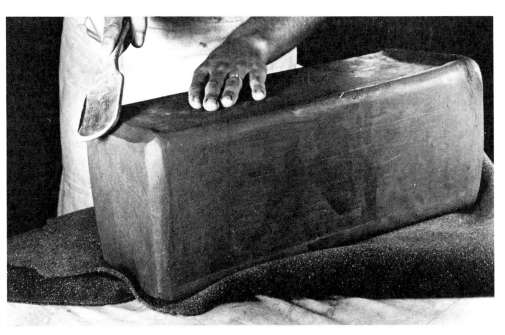

126

6

Tratamientos superficiales

La superficie de una pieza de cerámica sin vidriar, revela a menudo, más que la forma, la experiencia del que la ha hecho. Esto es debido no precisamente a la atención por el detalle en general del profesional experimentado, sino a la adaptabilidad de la arcilla, como se dijo anteriormente. En este capítulo me referiré a tres aspectos del tratamiento superficial, explicaré la manera de mantener el aspecto fresco y limpio de la arcilla; sugeriré la manera de recuperar el control de la superficie y esbozaré las maneras más corrientes de texturar superficies de arcilla.

Estos métodos se limitan al tratamiento de las superficies de arcilla en los estados plásticos y de dureza de cuero, y representan solamente un aspecto de los posibles tratamientos superficiales de las formas cerámicas. El vidriado, coloreado y los diferentes métodos de cochura, afectan también las superficies de las formas cerámicas y tienen un profundo efecto sobre su impresión y aspecto; sin embargo la explicación de estos procesos cae fuera de la finalidad de este libro y yo le remito a la nota bibliográfica para una información detallada.

Mantenimiento de una superficie fresca

Para mantener el aspecto fresco de la arcilla deben tomarse ciertas precauciones básicas. Una es cuestión de simple cuidado de la casa: las herramientas, en especial las paletas, y las superficies de trabajo deben estar libres de arcilla seca o cualquier otro tipo de suciedad. Una placa de arcilla golpeada sobre un paño liso y limpio tendrá el aspecto denso y fresco que es tan especial de la arcilla, pero sólo unos pocos trocitos de arcilla seca arruinarán este aspecto.

Sin embargo, la mayor causa de la pérdida del aspecto fresco de la arcilla, al menos para los principiantes, es el manejo excesivo, y a menudo innecesario, de la arcilla plástica y el manejarla sin tener en cuenta su adaptabilidad. Cada vez que usted toca la arcilla plástica se vé; es equivalente a tocar una hoja de papel blanco con un rotulador negro.

La disciplina y el desarrollo del toque especial, son las claves.

Recuperación del control de la superficie

A menudo sin embargo no puede evitarse el manejo y la cuestión es entonces como se puede recuperar el aspecto fresco de la arcilla. La respuesta es que no se puede. Usted no puede recuperar este aspecto virginal e intacto, pero puede lograr una superficie densa y controlada. Yo utilizo el paleteado para este fin, ya que consigue una superficie densa compactando las partículas,

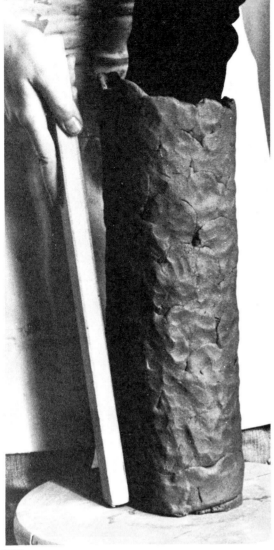

127

128

a la vez que refina la forma. Cuanto más húmeda esté la arcilla cuando paletee, más lisa será la superficie. Y puede lograr lo que parece ser una superficie controlada mediante algunas variaciones, hundiendo cuando paletee todos los puntos salientes de la superficie, de manera que se pongan a nivel, mientras levanta las indentaciones [127-128].

Otro sistema es rascar con una soleta metálica o una herramienta de modelar de madera. Esto quita cualquier desigualdad pero a veces, especialmente cuando se rasca en estado de dureza de cuero, pone de relieve el desengrasante en la arcilla.

Si usted al rascar hace el movimiento en la dirección del flujo de la forma, esto puede resal-

tar la forma con la ligera textura que puede dejar. Repasar la superficie con una esponja o alisarla frotando con un dedo o mano puede hacerse con gran cuidado. Debe tenerse cuidado de no arrastrar las partículas finas de arcilla o el brillo propio de los salientes e indentaciones. En general se pueden lograr superficies lisas y controladas por una combinación de rascado y paleteado.

El tiempo es otro factor importante cuando se trata de rejuvenecer la superficie; no puede establecerse una regla segura, pero yo he encontrado que es mejor hacerlo en el estado de dureza de cuero, cuando la arcilla ha perdido algo de su conformabilidad y mantiene aún algo de su plasticidad.

110

Texturado

La conformabilidad de la arcilla se pone de relieve especialmente cuando se piensa sobre el texturado. La plasticidad de la arcilla hace posible darle el aspecto duro de metal y blando de la tela, pieles o cuero, la aspereza del cardo o la sensualidad de la piel. Las texturas hechas con la arcilla pueden alinearse desde las más rugosas y dentadas, hasta las más sutiles y delicadas.

La arcilla puede texturarse tanto en estado plástico como en el de dureza de cuero, aunque algunos métodos pueden ser más apropiados para uno de estos estados que para el otro. Los resultados de algunos procedimientos de textura-

do pueden ser completamente diferentes, según se apliquen a la arcilla plástica o a la arcilla a dureza de cuero.

Los métodos de texturado de la arcilla pueden clasificarse en tres categorías: 1, quitar arcilla; 2, añadir arcilla y 3 ni añadir ni quitar, sino cambiar el nivel de la superficie por impresión o indentación. Este último es especialmente apropiado para la arcilla.

La arcilla puede tallarse con un esfuerzo mínimo, tanto en estado plástico como en el de dureza de cuero [129]. Puede utilizarse casi cualquier herramienta, tales como herramientas de

129

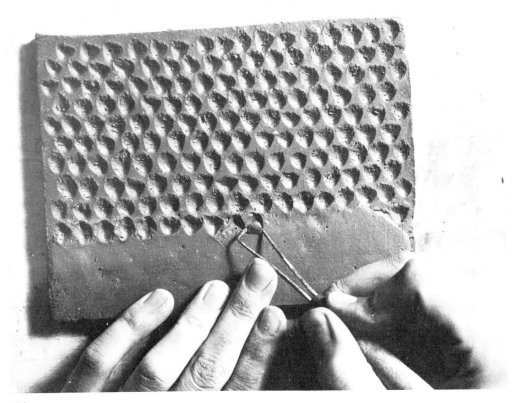

130

pulir, de modelar o un cuchillo [130]. La arcilla con dureza de cuero puede tallarse con mayor precisión que la arcilla plástica, aunque ningún estado permite la precisión del tallado de la madera, un hecho que puede ser una ventaja. Cuando se talla arcilla se han de tener en cuenta las consecuencias estructurales de quitar arcilla y la posible creación de puntos débiles.

Otra manera de texturar que se clasifica en esta categoría, y es especialmente efectiva con arcilla fuertemente desengrasada en estado de dureza de cuero, es rascar la capa de arcilla fina de encima para poner de relieve el desengrasante. La dirección en la cual se rasca influenciará la manera de percibir el flujo de la forma [131].

La superficie de una forma o placa, puede enriquecerse añadiéndole arcilla [132-135]. Esto

puede hacerse con la arcilla de la placa o forma a dureza de cuero o en estado plástico. Al añadir arcilla plástica a la arcilla con dureza de cuero, debe considerar la diferencia de la contracción. El rascado y embadurnado con limo debe hacerse de tal manera que no interfiera con el aspecto de la textura.

Cuando la superficie de contacto es pequeña, yo mojo la arcilla, incluso cuando añado arcilla plástica a plástica. Siempre que sea posible aumento el área de contacto apretando la arcilla firmemente hacia abajo. Rollos o puntos de arcilla que se colocan justo encima de la arcilla, tienden a caer cuando se seca la pieza. Por eso yo diseño mis texturas de manera que me permitan alisar hacia abajo por lo menos un lado de la arcilla añadida [132].

112

131

132

133

La arcilla puede añadirse en trocitos muy fi-
nos para dar un aspecto pulido [133] untarla libremente [134] o añadirla en largos rebordes or-
denados [132]. Se pueden incrustar arcillas de
distintos colores o arcilla del mismo color, pero
de consistencia algo más dura, laminando la arcilla sobre la placa con un rodillo [135].

Los métodos que cambian la superficie por
indentación e impresión de la arcilla en estado
plástico [136-141] aprovechan la plasticidad de la
arcilla más efectivamente. Esto puede hacerse de
numerosas maneras. La arcilla puede indentarse
con una herramienta [136]; con piezas de madera

134

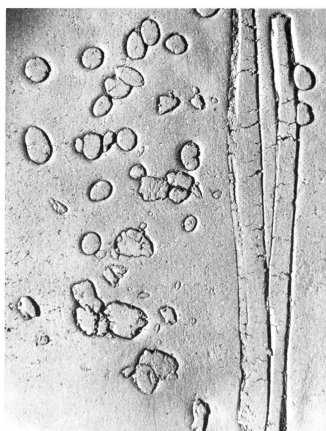

135

136

137

138

139

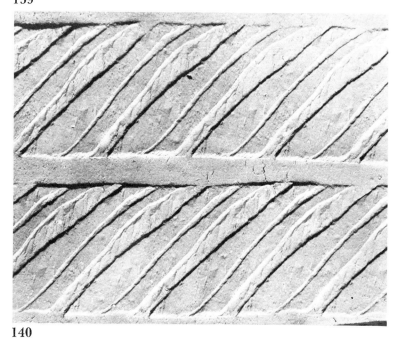

140

tal como pinzas de tender [137] o tablillas [138]; con sellos [139] o con rodillos [140]. Sobre la placa pueden prensarse con un rodillo, para transferirle sus texturas: telas finamente texturadas, encajes trabajados o arpillera basta (ver pág. 197, 198; fotos 237-238).

141

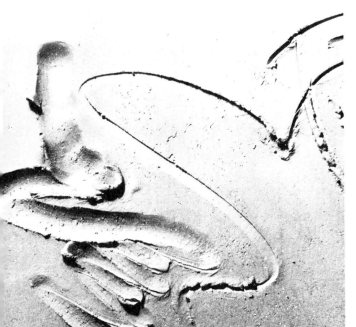

142

Pueden hacerse en un mismo movimiento en-
tallas y protuberancias, bien sea con herramientas [141] o con los dedos.

Siempre que se texture una superficie se debe
considerar la condición de ésta antes de hacerlo.
Es difícil disimular una superficie defectuosa con
el texturado y es mejor, corrientemente, establecer primero una superficie lisa y limpia. También
se debe considerar lo que se está texturando; el
tipo de pasta de arcilla tiene una influencia profunda sobre la textura. Las arcillas lisas muy
plásticas producirán unas texturas diferentes de
las ásperas muy desengrasadas.

En general cuando se textura se manipula la
luz. Se crean indentaciones y rebordes que hacen
sombras y captan la luz. La misma textura apare-
ce diferente si se aplica en distintas direcciones.
A veces si se dobla ligeramente una placa texturada esto hace la textura más llamativa.

Cuando se textura se repite casi siempre una
cierta unidad (la impresión de un pulgar, o una
señal de una herramienta). El espaciado y ritmo
entre estas unidades es crucial. Si están espacia-
das demasiado separadas, o demasiado desperdi-
gadas, el ojo no las ve como grupo, sino como
unidades separadas. La experimentación le dirá
a uno cuándo el espaciamiento es correcto. Puesto que la arcilla se presta tan bellamente al texturado, uno puede fácilmente excederse. El texturado debe enriquecer la forma no borrarla. La
limitación es a menudo una buena herramienta.

Aunque hay una diferencia entre textura e
imagen, los mismos métodos utilizados para el
texturado pueden usarse para crear una imagen
sobre la arcilla. Una placa de arcilla plástica, por
ejemplo, se presta maravillosamente al dibujo.
La arcilla muestra cada cambio en la presión, no
sólo por el espesor de la línea sino también por
su profundidad. El reborde que se crea cuando
se profundiza enriquece la línea y añade una
nueva dimensión [142].

En resumen: la integración de la forma y la
superficie es de la máxima importancia para cada
pieza. La conformabilidad de la arcilla y su plasticidad se manifiestan no sólo en las formas, sino
también en la superficie. Nunca se recomendará
bastante la importancia de la elección de la superficie correcta para una forma y el prestar una
gran atención a la calidad de la superficie, ya que
es la superficie la piel que revela la forma.

7

Formas específicas

Los capítulos precedentes de esta primera parte del libro se han dedicado a los diferentes procedimientos para hacer formas cerámicas. Para mantener la atención sobre el proceso, en las explicaciones se ha descuidado deliberadamente hacer mención a productos concretos.

Este capítulo resumirá qué procesos son los mejores para aplicarlos a unas formas determinadas. También se tratarán los métodos de hacer formas con tapadera y señalaré las condiciones importantes para hacer formas compuestas y de gran tamaño.

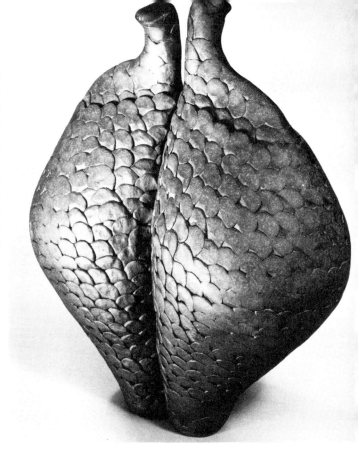

Richard Thomas, Jarrón de loza. 60×60 cm.
Procedimiento: método del pellizco extendido.

Formas básicas

Las *formas cilíndricas* pueden hacerse con casi cualquier proceso. Si se desea una textura o dibujo en el exterior, el método de unir muchas partes pequeñas crea al mismo tiempo la forma y la textura. Para formas lisas de tamaño relativamente pequeño yo usaría una placa plástica envuelta alrededor de un tubo de cartón. Para formas cilíndricas grandes, el método de pequeñas partes y en particular el método del pellizco extendido, sería mejor.

Pueden hacerse *pequeñas piezas* en forma de copa con el método del pellizco. Los fustes se pueden añadir doblando una placa en forma tubular.

Las formas *semejantes a bandejas, ligeramente curvadas, o casi planas* se hacen mejor con una placa plástica utilizando un molde de envolver o de prensar o una hamaca. También las *formas de caja* se hacen mejor con placas, las pequeñas son placas plásticas y las grandes con placas a dureza de cuero. Las superficies pueden texturarse antes o después de montar las placas. También puede usarse el método del pellizco extendido. Paleteando las piezas a dureza de cuero se pueden producir ángulos muy precisos.

Las *formas esféricas y elípticas* se encuentran entre las más difíciles de conseguir. Pueden hacerse uniendo dos piezas hechas con moldes de prensar o envolver. También pueden usarse los métodos de construcción con piezas pequeñas, para lo cual debe usted comenzar con un fondo muy pequeño y trabajar en numerosas etapas.

Para las *vasijas del tipo de cuencos*, se puede comenzar con un fondo redondo hecho en un molde de prensar o envolver y continuar luego con los procedimientos de partes pequeñas.

121

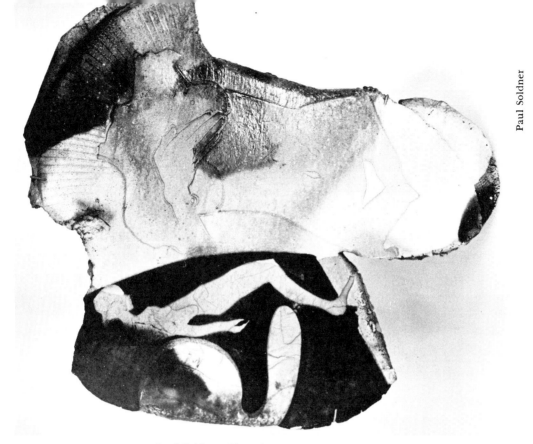

Paul Soldner. Placa de raku. 55×45 cm.

Procedimiento: construcción con placas sobre molde de envolver.

Sema Kamrass. Bandeja de raku. 50 cm de diámetro.

Procedimiento: construcción con placas sobre molde de envolver.

Formas con tapadera

Las formas con tapadera pueden presentar problemas especiales, pero la cuestión se simplifica pensando en ellas en términos de dos formas acopladas.

Es importante que las dos formas ajusten bien, con la pieza de arriba asegurada a la de abajo de alguna manera que evite que se caiga cuando se inclina la pieza. Además la tapa y el recipiente deben formar una unidad visual.

Entre las muchas posibilidades, hay dos maneras sencillas de cumplir estos requisitos: 1, Se puede hacer la tapa y el recipiente como una sola unidad, y separar la tapa cortándola [143, 147] o 2, puede terminarse el recipiente primero y la tapa se continúa sobre él o ajustada a él [148-151].

En el primer caso se hace una forma totalmente cerrada y la tapa se corta, corrientemente en estado de dureza de cuero [143-145]. Si mientras se corta se mantiene el cuchillo con un cierto ángulo, el bisel del borde es suficiente normalmente para mantener la tapa en su lugar [144].

143

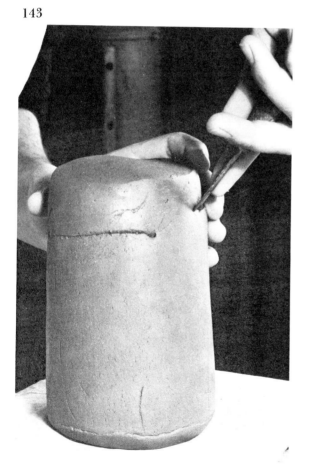

144

145

146

147

Corte con el cuchillo con un movimiento seguido, como a través de la mantequilla. Si sierra hacia adelante y atrás con el cuchillo, el borde cortado será muy rugoso. Siempre es conveniente pasar una esponja húmeda sobre el borde cortado para redondearlo.

Una forma totalmente cerrada también puede cortarse con un alambre [146]. Sin embargo esto se traduce en un corte horizontal, y corrientemente es necesario fijar una tira de arcilla en el interior que mantenga la tapadera en su lugar [147].

148   149

150

Solape parcialmente la tira con el borde superior del recipiente y alise la arcilla hacia abajo en el interior. Incline ligeramente hacia adentro el borde superior de la tira de manera que no se pegue a la tapadera.

La ventaja de hacer recipientes con tapas, partiendo de formas totalmente cerradas, es que la tapadera ajustará siempre exactamente, tanto visual como técnicamente. El corte que separa la tapadera y el recipiente pueden seguir la forma y diseño de la pieza y así ser parte integrante de ella.

La segunda manera de hacer piezas con tapadera es conformar primero el recipiente y luego o bien construir la tapa sobre la parte de arriba o ajustarla después.

En el primer caso se termina el recipiente de la pieza y se fija una tira en el interior del borde superior, para sostener la tapa en su lugar. Luego se comienza la tapa directamente sobre el borde del recipiente, con una capa de tela como separador [148]. El recipiente y la tapadera pueden considerarse entonces como un todo y acabarse juntos [149-150].

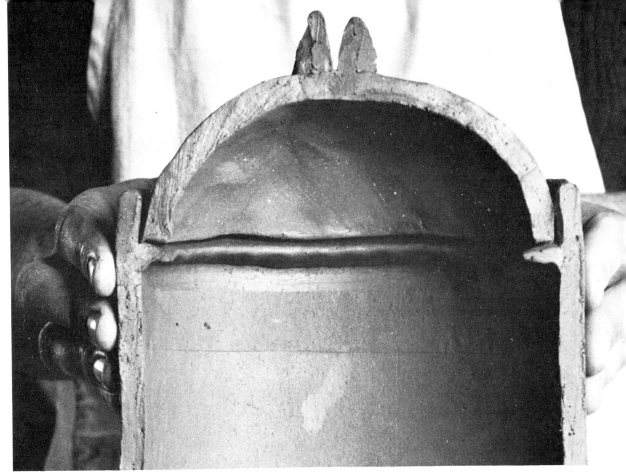

151

Otra manera de asegurar la tapadera al recipiente es formar un asiento en el interior de éste, fijando un rollo de sección triangular para que la tapadera asiente sobre él [151]. La tapa puede conformarse separadamente y ajustarse, o construirse directamente sobre el asiento. Asegúrese de que el asiento es más ancho de lo necesario, para prevenir el exceso de contracción, y de que esté bastante dentro del recipiente, de manera que el borde pueda sostener la tapa en su lugar. Para asegurar firmemente el asiento al recipiente, yo, normalmente, trabajo un rollo de refuerzo bajo él.

Son posibles numerosas combinaciones y variaciones de estas dos maneras de hacer formas con tapadera. Además diferentes tipos de asas pueden cambiar radicalmente el aspecto de una pieza.

Es un ejercicio revelador hacer un recipiente con diferentes tipos de tapas, para ver el cambio en la sensación y expresión de la pieza cuando cambia la forma de la tapa o el asa. Hay sin embargo algunas consideraciones que deben tenerse en cuenta con todos los tipos de tapas, relacionadas con la contracción de la arcilla.

Es crucial que la tapadera y el recipiente se hagan con arcilla de la misma consistencia. No haga el recipiente y le deje tomar la dureza de cuero y luego haga la tapadera de arcilla plástica. Si tiene que hacer la tapadera y el recipiente en distintas veces; tome las medidas para la tapa cuando el recipiente está en estado plástico.

La tapadera y el recipiente se dejan secar casi siempre ajustados juntos y normalmente se cuecen como una sola pieza.

Cualquiera que sea lo que hace de asiento para la tapa, debe ser suficientemente ancho. Incluso si se usa arcilla de la misma consistencia la forma puede influir la cuantía de la contracción. La tapa puede contraerse algo más o algo menos que el recipiente y usted deberá prever esta posibilidad cuando diseñe el asiento.

Formas compuestas

Las formas compuestas se hallan entre las más difíciles de hacer, tanto desde el punto de vista estético como técnico. Estéticamente es difícil combinar formas diferentes en un conjunto coherente. Las dificultades técnicas de mantener unidas las piezas provienen todas del hecho de que la arcilla se contrae al secar. La solución a las dificultades técnicas se basa por ello en procedimientos que minimicen o eliminen las tensiones producidas por la contracción y están relacionados también con el tamaño del área de contacto y el tipo de unión usado, así como con el momento en que se unen las partes.

Si una forma compuesta que toca a un plano en distintos puntos se coloca sobre una placa de arcilla, la tensión entre las formas se elimina totalmente, ya que la placa de arcilla se mueve junto con las formas cuando éstas y la placa se contraen. Las formas no deben estar sujetas a la placa, para poderlas quitar de ella después de la cochura (ver pág. 39; foto 24).

El área de contacto entre las formas debe ser tan grande como sea posible y, siempre que se pueda, las formas deben entrelazarse más que solamente tocarse (ver Nicholas, págs. 173-174).

El momento de unir las formas es otro factor crucial; deben ser suficientemente rígidas para ser manejadas y soportar su propio peso, pero cuanto más se endurece la arcilla menos probable es que una junta pueda mantenerse. Esto es, una las formas tan pronto como sea posible. Como siempre las piezas deben ser de la misma consistencia para evitar la contracción desigual. Si se necesitan soportes utilice arcilla o materiales que tengan en cuenta la contracción de la arcilla.

Tenga cuidado también con no atrapar aire cuando una las piezas. Prevea un flujo continuo de aire de una pieza a otra y hacia el exterior. Es esencial el secado lento y uniforme, siguiendo los procedimientos indicados en la pág. 42.

Ninguna de las anteriores indicaciones es específica de las formas compuestas, pero éstas permiten menos tolerancia en el seguimiento de estos procedimientos que otras formas más sencillas.

Trabajos de gran tamaño

Raramente se piensa en la cerámica en términos de piezas de gran tamaño o arquitectónicas. A causa de la aparente blandura del material en el estado plástico y su fragilidad en el estado de dureza de hueso, los escultores han tardado mucho tiempo en imaginar un uso para trabajos de gran tamaño. Sin embargo, la arcilla es un material tan adecuado para grandes trabajos como otro cualquiera. Incluso ofrece ciertas ventajas, tales como el bajo coste relativo del material y su durabilidad, sin mencionar el enorme potencial expresivo de la arcilla y la facilidad de las distintas técnicas de trabajo a mano. No es necesario adquirir nuevas habilidades para trabajar a gran tamaño; cualquiera de los métodos de conformación es adecuado y en especial el método de utilizar partes pequeñas. Es esencial sin embargo tener en cuenta más cuidadosamente las máximas de la arcilla, en especial los problemas que puede causar la contracción y la falta de resistencia estructural de la arcilla en el estado plástico. Para completar con éxito un trabajo son condiciones previas, el secado lento y uniforme y el uso de una pasta abierta y que tenga un porcentaje de contracción bajo.

Los trabajos grandes pueden ser enfocados de dos maneras: se puede trabajar en estructuras monolíticas individuales o se puede dividir la obra en pequeñas partes que se entrelazan o se colocan unas junto a otras.

Estructuras monolíticas

Cuando se trabaja con estructuras monolíticas, la falta de resistencia estructural de la arcilla en el estado plástico y la fragilidad a dureza de hueso, además del peso, son problemas que exigen una atención especial. Los problemas creados por la falta de resistencia estructural de la arcilla plástica pueden resolverse trabajando por etapas, construyendo un nervado interior y, si es necesario, utilizando un sistema de soporte. Se debe recordar sin embargo que la arcilla es bastante resistente en el estado de dureza de cuero y puede soportar su propio peso notablemente bien. Yo no puedo saber hasta qué límite, pero he construido piezas de más de 2,5 metros de alto y aproximadamente de 12 milímetros de grueso, que no se han doblado.

La fragilidad de las piezas secadas a hueso es un problema cuando se ha de poner la pieza en el horno. Esto se soslaya fácilmente construyendo la pieza sobre un trozo de contrachapado de 2 a 2,5 cm de grueso y metiendo la pieza en el horno con el contrachapado (ver págs. 208-211; foto 253). No hay necesidad entonces de manejar la pieza misma. La madera se quemará o se convertirá en carbón. (Desgraciadamente esto no puede hacerse en un horno eléctrico).

El problema del peso se reduce al mínimo si se contruye la pieza sobre una carretilla rodante, de madera que nunca se necesite levantarla.

Para trabajar con formas monolíticas grandes es necesario disponer de hornos igualmente grandes. Cuando no es éste el caso, se debe volver al segundo enfoque: el de trabajar en partes o múltiplos.

Partes

El trabajo en partes puede enfocarse de tres maneras: 1, se construye una gran pieza como una sola unidad y después se corta en partes en el estado de dureza de cuero; estas partes se vuelven a ensamblar luego, después de que han sido cocidas. 2, la pieza se contruye en unidades separadas autosustentadas que se entrelazan; o 3, se utilizan múltiplos.

El primer procedimiento puede crear serios problemas no sólo en el manejo de las piezas frágiles, sino también porque puede producirse deformaciones por falta de refuerzo de las unidades. Por tal razón explicaré solamente los procedimientos segundo y tercero.

La segunda manera de trabajar, en partes huecas separadas autosustentadas, requiere sobre todo un planeamiento cuidadoso. Es necesario decir primero lo que yo entiendo por «unidades separadas autosustentadas». No quiero decir necesariamente que cada parte ha de ser una forma con lados, fondo y parte superior. Quiero decir sin embargo que cada parte pueda sostenerse por sí misma. Esto puede significar, por ejemplo, que una forma tubular en lugar de tener un fondo y una parte de arriba, tiene un anillo en el interior, abajo y arriba; este anillo refuerza el borde y evita que se deforme, también proporciona una superficie de contacto mayor que la que proporcionaría el borde sólo, ya sea para un posterior encolado o para proporcionar un asiento más ancho si una unidad se contrae más que otra.

Más importante es el sistema de entrelazar las piezas. Las piezas que se apilan unas sobre otras, se construyen mucho más fácilmente que

Elaine Katzer, Sea Spirit. Loza 1,8×2,4 metros.

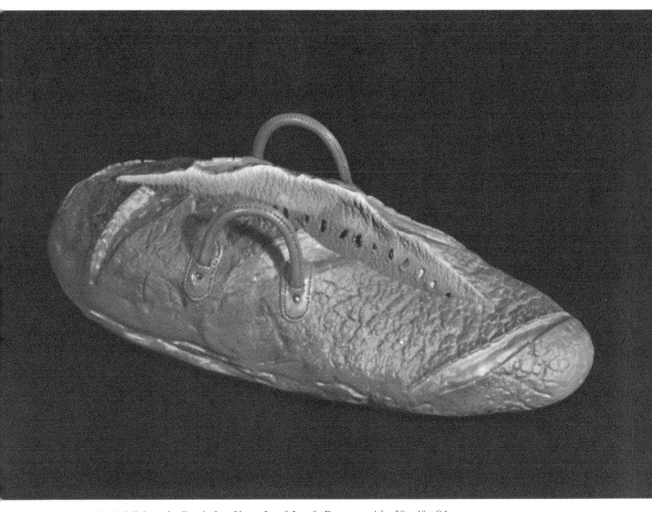

David Middlebrook, Don't Let Your Loaf Loaf. Barro cocido 30×40×94 cm.

lizabeth MacDonald, Nest. loza 17×24×12,5 cm.

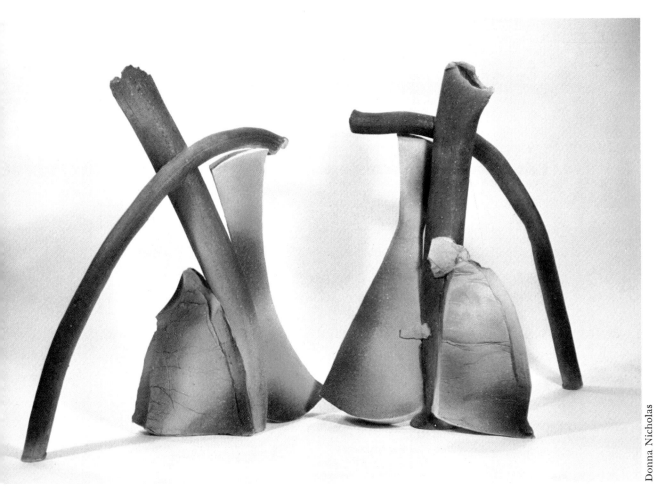

Donna Nicholas, Duyo III. Barro cocido, 84×122×63,5 cm.

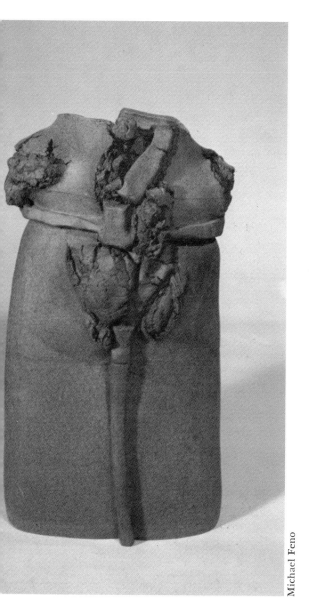

Michael Feno

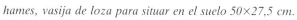
hames, vasija de loza para situar en el suelo 50×27,5 cm.

Arnold Wechsler

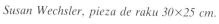
Susan Wechsler, pieza de raku 30×25 cm.

Billie Walters, pieza de raku 17,5×25 cm.

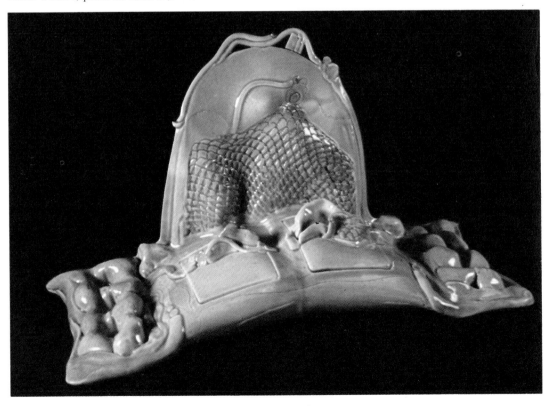

Paula Winokur, Celadon Landscape. Caja doble de porcelana.

Elsbet S. Woody, Line. Loza sin vidriar 0,91×12 m.

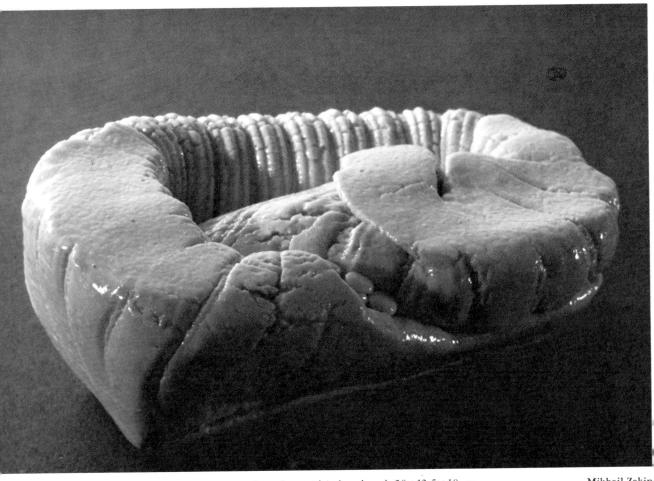

Mikhail Zakin, Metamorphic Form. Porcelana vidriada a la sal. 20×12,5×10 cm.

Jim Stephenson. Gran pared de ladrillos de arcilla 2,73×9,73 m.
Procedimiento: molde de dos piezas.

las piezas que se entrelazan por los lados. Para el primer tipo yo sigo los principios apuntados al tratar de las formas con tapadera, especialmente el método en el que la tapadera se construye ajustada sobre el borde del recipiente (ver págs. 126, 127; foto 148, 150). Esto me permite construir las piezas una encima de otra y desarmarlas para cocerlas una vez que están terminadas.

Al construir piezas que se entrelazan por los lados, deben tener en cuenta que la contracción de la arcilla en lugar de aprisionar las piezas las separa. Esto hace muy difícil mantener las piezas en su relación adecuada unas con otras y por ello es aconsejable, si es posible, construir las piezas separadamente y acoplarlas en estado de dureza de cuero.

Cualquiera que sea el método que se utilice para entrelazar las formas, todas las partes deben mantenerse a la misma consistencia lo más posible y secarse uniformemente.

Puesto que la hendidura o separación entre las partes raramente puede ser disimulada por completo, corrientemente es mejor trabajar las juntas en el diseño de la pieza. Otra opción que puede aumentar su repertorio de trabajos de gran tamaño, es construir piezas boca abajo o tumbadas. Según el tamaño de las piezas pueden ponerse boca arriba cuando estén a dureza de cuero, o cocerlas en la posición que se han trabajado. Trabajar en secciones puede ser excitante. Es esencial el planeamiento y manejo cuidadoso, así como tomar la precaución de medir cuidadosamente cada parte antes de que se seque, así puede reemplazarse si es necesario.

El tercer procedimiento, el de usar múltiplos, se trata en detalle en la segunda parte de este libro (pág. 203).

Las piezas grandes arquitectónicas se preven muy a menudo como piezas de exterior, lo cual plantea la cuestión de la durabilidad de la arcilla cocida.

El agua no afectará a ninguna pieza cerámica adecuadamente cocida. En las regiones dónde la temperatura cae bajo cero, las piezas cocidas a temperaturas de barro cocido no pueden mantenerse en el exterior, ya que el barro cocido es normalmente absorbente del agua; cuando se hiela el agua la arcilla se separa. Sin embargo la loza, adecuadamente cocida, puede resistir la mayoría de los climas invernales con tal de que el agua no pueda quedar recogida dentro de la pieza.

8

Trabajo a mano con formas torneadas

La técnica del torneado no puede explicarse en un capítulo y, como ya he dicho antes, ha sido tratada completamente en mi libro *Cerámica a torno*. Para aquellos lectores que tengan habilidad en el torneado o intenten adquirirla, puede ser útil señalar algunas de las posibilidades del trabajo a mano con formas torneadas. Estas posibilidades se clasifican generalmente en tres categorías: alterar la forma torneada; combinar piezas torneadas con piezas hechas a mano; combinar varias formas torneadas, ya sean enteras o partes de ellas.

Es importante señalar que estas categorías no emplean nuevas técnicas manuales, sino simplemente presentan nuevas variantes de las técnicas ahora ya nos son muy familiares. Por ello todas las reglas y procedimientos de unión, espesores de pared, secado, etc., se aplican tanto a estos métodos como a cualquier otro método de conformación. La pieza torneada se puede considerar como una unidad de construcción, corrientemente grande y, lo más frecuentemente, en estado de dureza de cuero, ya que una vasija recién torneada es demasiado frágil para manejarse.

Paul Soldner

Paul Soldner. Jarrón de raku 45×15 cm.
Procedimiento: torneado, puesto boca abajo luego.

Alteración de formas torneadas

Mi manera favorita de alterar una forma torneada es el paleteado. Igual que con las piezas construidas a mano el paleteado se hace mejor cuando la arcilla está a dureza de cuero y la forma pulida. La forma siempre redonda y simétrica del trabajo torneado, puede cambiarse por este método de una gran variedad de formas distintas. El texturado y distorsión de la forma, inmediatamente después del torneado, son otras posibilidades que caen dentro de esta categoría.

135

Jean-Pierre Beaudin

Hélène Gagné, jarrón de loza 47×15 cm.
Procedimiento: piezas torneadas alternando con rollos apla-
nados por paleteado.

Penny Hood Hoagland, jarrón de porcelana 16,5×16,5 cm.
Procedimiento: parte inferior torneada, continuada con
rollos.

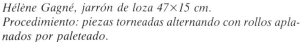

Combinación de partes torneadas con partes hechas a mano

La combinación de piezas torneadas con otras hechas a mano ofrece una amplia variedad de posibilidades.

Se puede comenzar con una forma torneada y continuar trabajando a mano especialmente con partes pequeñas, tales como rollos. También puede sobremontarse una sección torneada a una forma hecha a mano. Pueden alterarse unas a otras partes hechas a mano y a torno en capas sucesivas, etc. La proporción entre las partes hechas a mano y torneadas puede variar en gran manera desde unos pocos añadidos a la forma torneada, a la construcción de una pieza que casi borre los aspectos del torneado. El paso de una parte a la otra puede ser intencionalmente abrupto ó gradual.

Es importante tener presente la consistencia de las arcillas que se unen. A causa de su fragilidad la parte torneada se usa mayormente en el estado de dureza de cuero y si se han de mezclar partes a dureza de cuero y plásticas debe prestarse una cuidadosa consideración a las tensiones que esto puede producir. Son esenciales una unión cuidadosa y un secado lento.

Elsbeth S. Woody. Arch. Loza. 1,52×2,14×0,61 m.
Procedimiento: (centro) piezas torneadas combinadas, (brazos) método del pellizco extendido.

Combinación de varias partes torneadas

Cuando combine varias partes torneadas tenga en cuenta las mismas consideraciones y reglas que cuando trabaje con grandes piezas a dureza de cuero, especialmente las reseñadas anteriormente en el apartado de «Formas compuestas». Se pueden combinar formas enteras o secciones cortadas de formas torneadas.

Las formas pueden entrelazarse unas a otras, apilarse unas sobre otras o colocarse unas al lado de otras. Son esenciales el rascado, huntado con limo, las áreas de contacto grandes y el refuerzo de las juntas.

El paleteado puede usarse tanto para ajustar las formas unas a otras y asegurar una transición suave y gradual cuando se desee, como para reforzar las juntas. Las partes torneadas pueden combinarse de tal manera que cada una retenga su integridad como forma acabada, o pueden fluir unas en otras perdiendo su individualidad en beneficio de la forma total.

Aunque los métodos de trabajar a mano las formas torneadas no constituyen nuevas técnicas de trabajo a mano como tales, las formas resultantes tienen unas cualidades comunes apreciables que son casi únicas. A menudo combinan la simetría y precisión de las formas torneadas con la variedad y diversidad de las formas hechas a mano.

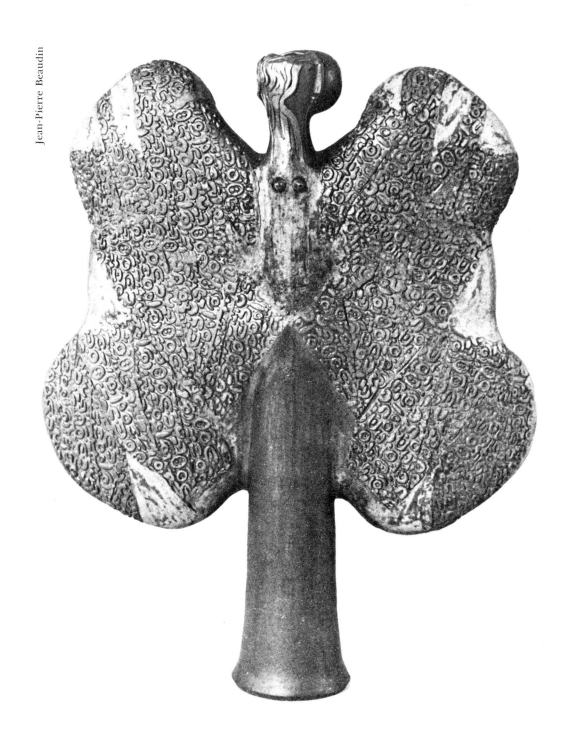

Hélène Gagné. The Butterfly. Loza 86×66×20 cm.
Procedimiento: montaje de piezas torneadas.

DIEZ ENFOQUES DEL TRABAJO A MANO

La primera parte de la Cerámica a mano, cubre las distintas técnicas de hacer formas con arcilla. El acento se ha puesto sobre los procesos y procedimientos. Se ha hecho un esfuerzo intencionado para evitar distraer al lector mostrándole productos específicos.

La segunda parte por el contrario mostrará como los ceramistas profesionales utilizan, varían y combinan las técnicas anteriormente explicadas.

Para cada ceramista mostraré, desde el principio al fin, los pasos importantes en la creación de una pieza concreta, así como otros ejemplos del trabajo del artista. El intento es doble: mostrar la aplicación de las técnicas y también, y quizás más importante, dar al lector el sentido de la secuencia a través de la cual pasa un trabajo desde la concepción de una idea al producto acabado. El énfasis se pondrá sobre la variedad de enfoques de los artistas con respecto a sus materiales, así como sobre las técnicas implicadas.

Se espera que el cambio del énfasis desde el proceso al producto no se traduzca en la mera copia, sino que inspire al lector en la búsqueda de su propia expresión en la arcilla, de una manera de hacer que sea suya exclusivamente.

Al preparar esta parte se ha tenido que dejar mucho de lado. La elección de los artistas y trabajos está guiada por el deseo de mostrar la mayor diversidad de técnicas. En manera alguna puede considerarse una visión de los estilos y tendencias del arte cerámico contemporáneo.

Elaine Katzer, Whitney's Wall. Loza 2,58×3,34 m.

ELAINE KATZER

La construcción de grandes murales de cerámica puede presentar muchos problemas. Corrientemente los ceramistas construyen sobre el suelo o sobre un gran caballete de pintor y, lo que es más importante, en una unidad maciza. Cuando toda la pieza está terminada se corta en partes para secarla y cocerla.

Si el relieve es alto cada parte ha de ser ahuecada por detrás antes de que la arcilla se endurezca demasiado.

Construir de esta manera no sólo necesita un gran estudio, sino que limita la profundidad del relieve, ya que las formas son inicialmente macizas.

Elaine Katzer, Sea Chanty. Loza 2,13×6,68 m.

Elaine Katzer

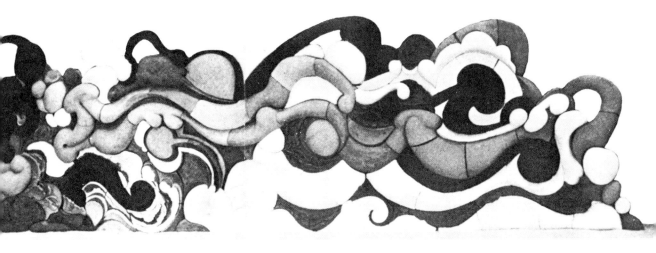

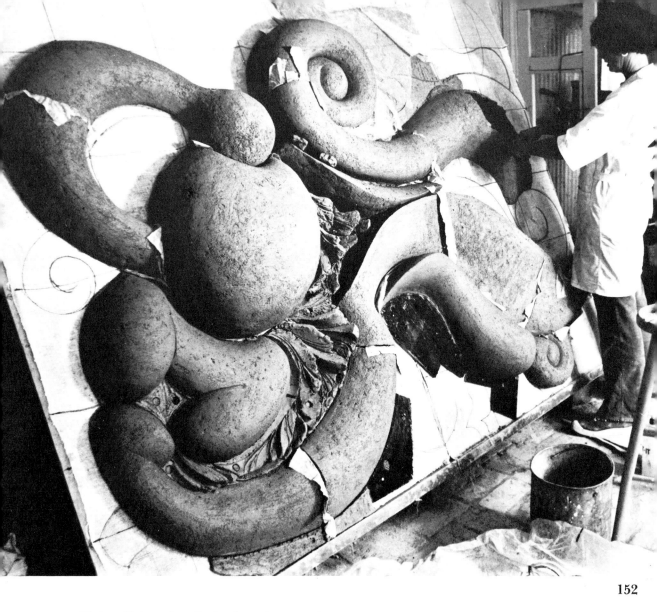

Elaine Katzer ha eliminado estos grandes problemas. En lugar de construir toda la pieza como una unidad y cortarla en partes manejables, Elaine Katzer construye cada parte como una forma completa en sí misma que se entrelaza con las otras [152]. Cada parte se construye como una forma hueca; el respaldo se fija firmemente al bastidor y Katzer construye a partir de él utilizando el método del pellizco extendido [153]. El problema del tamaño ha sido eliminado mediante el desarrollo, por la artista, de un caballete especial con paneles móviles que le permiten construir un relieve de 2,5 metros de alto y de cualquier longitud, en su estudio de 5 × 5 metros [162] (ver pág. 150).

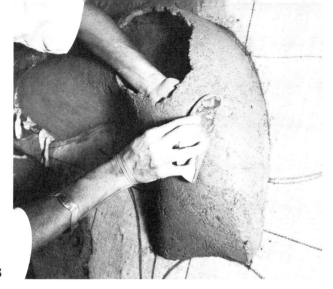

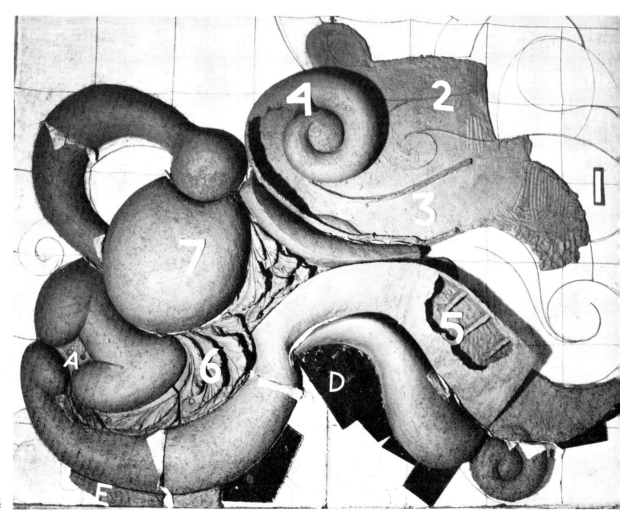

155

Además ella ha ideado un tipo de enganche, para fijar las piezas cerámicas terminadas su lugar de instalación permanente, que en la mayor parte de los casos queda oculto a la vista [157].

Para construir sus piezas murales Katzer sigue este procedimiento:

Trabaja el trazado de diseño y color sobre papel, haciendo a veces un pequeño modelo de arcilla para determinar los altos y bajos del relieve.

Luego se superpone al dibujo una cuadrícula de una pulgada* y la longitud del relieve se divide en unidades de cuatro pies (cuatro pulgadas en el dibujo).

Se fija arpillera a los paneles sobre el bastidor y se dibuja en ella una cuadrícula de un pie. La arpillera se clava con chinchetas en los ángulos y el centro de cada cuadrado de un pie. Con la ayuda de la cuadrícula se traza luego el dibujo sobre la arpillera [155, 154-1].

del cual la pieza se construye hacia arriba y totalmente cerrada utilizando el método del pellizco extendido. Cada parte se construye en su lugar sobre el caballete como una forma hueca totalmente completa. Elaine Katzer afina la forma y la textura, volviendo sobre la pieza repetidamente, con un rasquete flexible grande.

Las partes se construyen de izquierda a derecha y de abajo hacia arriba. Para construir las partes se adiciona sobre la arpillera una capa de 12 mm de grueso de arcilla cubriendo unos cuantos pies cuadrados. La arcilla y la arpillera han de entrelazarse firmemente, ya que esta capa de arcilla será la trasera de las piezas y la unión entre la arpillera y la arcilla debe sostener las piezas en el bastidor. Un reborde en la parte inferior del caballete ayuda a sostener la arcilla verticalmente. Luego se vuelve a dibujar el trazado de las partes sobre la arcilla [156, 154]. Cada parte se remarca con un rollo [154-3] a partir

146

156

157

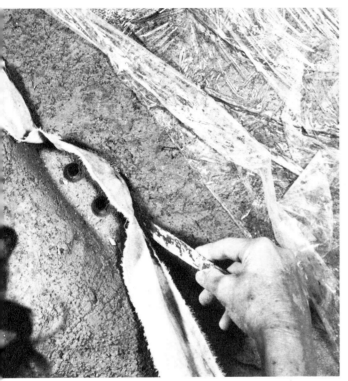

158

159

Después de terminada cada parte, se hace la brida por la que se atornillará a la pared durante la instalación de la pieza acabada. Se engruesa una área pequeña en el borde de la parte y se hacen dos agujeros. Para cada agujero se traspasa todo el espesor de la arcilla con una clavija, después de haber empujado una clavija más gruesa sólo parcialmente para hacer el hueco para los tornillos que estarán avellanados en la arcilla. Después se separa la parte cortándola de la parte adyacente [157] y se introduce en el corte un trapo para hacer permanente la separación [158]; el trapo recubre también la brida. Se cubre entonces la brida con una placa de arcilla que se fija a la trasera de la parte próxima [159, 161]; esta parte próxima se comienza otra vez con un rollo y se construye justamente sobre la brida.

La brida queda entonces oculta, recogida bajo la parte adyacente [160, 161, 154, c].

La brida ha de sostener el peso de la pieza y mantenerla en su lugar. El tamaño y posición de la brida depende del tamaño y posición de la pieza. Katzer pellizca en todas direcciones: arriba, abajo a los lados, estando agachada, de pie o en una escalera, según lo exijan las piezas. Las partes más grandes han de construirse en etapas y algunas necesitan refuerzos interiores para sostener su forma en el estado plástico [54-5]. El tamaño de cada parte es determinado por el propio diseño, así como por el tamaño del estante del horno. Las grandes formas continuas han de dividirse en varias partes, pero cada parte se construye como una unidad completa en sí misma y se separa de las adyacentes con trapos.

160

Muy a menudo Katzer añade áreas planas que tienen arrugas, o resaltes semejantes a tentáculos unidos a ellas. Hace la trasera de estas piezas de 2 a 2,5 cm de grueso como mínimo [154-6].

Si hay un borde inferior recortado se cortan tableros de contrachapado que se ajustan al trazado del borde inferior y se clavan directamente en el caballete [154-D]. Estos tableros proporcionan el mismo apoyo en el reborde de la parte inferior del caballete. Para la misma función pueden servir soportes de arcilla que comienzan a partir del reborde [154-E]. Es importante mantener todas las piezas sobre el caballete a la misma consistencia; por ello las piezas que no están siendo trabajadas se recubren con plástico, para evitar que se sequen.

161

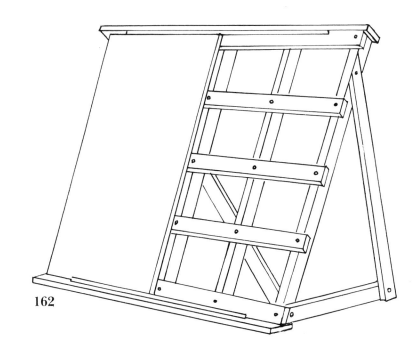

Dibujos de Elaine Katzer.

162

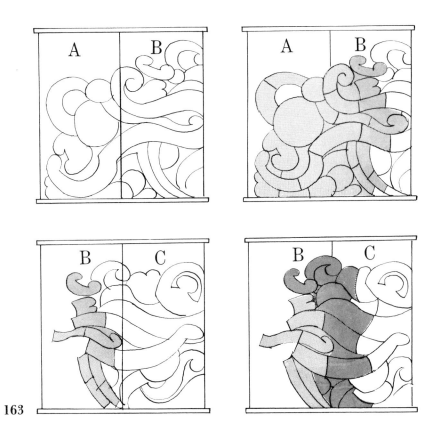

163

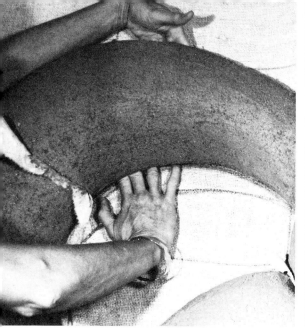

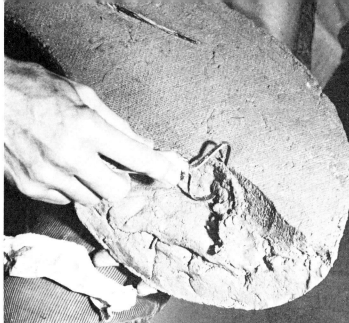

164

165

Para evitar la limitación de su pequeño estudio, Katzer ha ideado un sistema ingenioso de paneles móviles. Cada dibujo se divide a lo largo en unidades de 4 pies de ancho, señaladas A, B, C, etc. Luego Katzer traza el dibujo de las unidades A y B sobre la arpillera [163-1], termina todas las formas de A y comienza a construir B [163-2]. Las partes de A y las que alcanzan B desde A se retiran; el panel de la izquierda (esto es, el que tiene A sobre él) se quita entonces y el panel de la derecha (el que tiene B sobre él) se desplaza hacia la izquierda con las piezas de B sobre él. El panel que se ha quitado se coloca donde estaba B y sobre el mismo se dibuja C [163-3]; se terminan B y parte de C; se quita B; C se mueve hacia la izquierda y B se convierte en D, etc.

Este sistema no solamente permite construir relieves de longitud enorme, sino que además asegura el flujo suave de las formas de una unidad a la otra.

El momento de quitar las piezas de los paneles es crucial. Las piezas se dejan secar a dureza de cuero, pero han de quitarse en el momento justo, ya que la arpillera sólo permite una cantidad limitada de contracción. Durante el secado las piezas tienden a separarse de la arpillera alrededor de los bordes y este espacio puede utilizarse para soltarlas totalmente [164]. A medida que se separa cada pieza se numera y con una flecha se indica cuál es la dirección de arriba. Esto se hace en la trasera bien sea con barro blanco o con óxido de hierro rojo, de forma que la dirección se cocerá permanentemente sobre la pieza. El número se registra sobre el boceto. Todas las áreas que pueden estar en contacto con la brida de una pieza contigua se rascan para proporcionar mayor espacio para la deformación [165]. A cada pieza se le hacen varios agujeros de aireación en la trasera y se limpian los agujeros de aireación en la trasera y se limpian los agujeros para los tornillos. Se aplican los vidriados y engobes siguiendo el modelo de color del dibujo de Katzer y se cuecen las piezas en una atmósfera reductora aproximadamente al cono 6 (aproximadamente 1.150 °C).

Katzer ha instalado sus piezas en muchos lugares de California. Corrientemente instala varias chapas de contrachapado marino, a las cuales se atornillan y encolan las piezas. El hecho de que la mayoría de las partes pesan menos de 5 kg hace su instalación mucho más fácil.

151

Elizabeth Mac Donald. Nest. Loza 20×30 cm.

ELIZABETH
MACDONALD

El trabajo de Elizabeth MacDonal combina formas extremadamente simples, aunque altamente sofisticadas y bellamente equilibradas, con superficies móviles y vibrantes que no revelan fácilmente, incluso al ojo entrenado, el método por el cual se han hecho. Además MacDonald utiliza una técnica que no solamente requiere un equipo mínimo de herramientas sino que no puede ser más simple.

Para el fondo de sus vasijas MacDonald utiliza una placa ligeramente curvada, que se ha dejado secar a dureza de cuero sobre un molde de envoltura [166]. Utilizando el método de construir con pequeñas partes, construye la for-

166

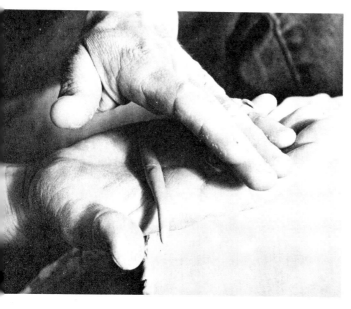

167

168

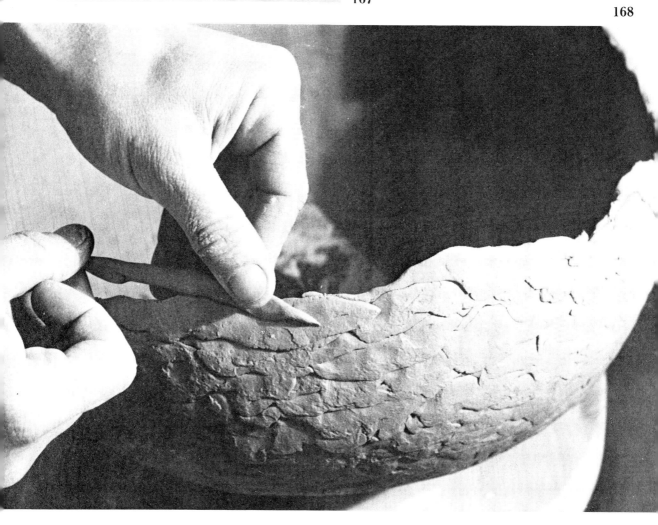

ma sobre la placa con rollos cortos que ella enrolla en su mano [167] y fija muy flojamente a los
de debajo, solapándolos a menudo por fuera
[168-169]. Después de terminar una vuelta com-

170

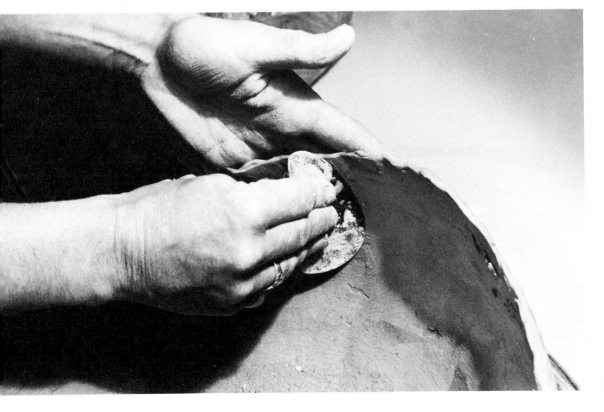

171

172

pleta, los rollos se alisan hacia abajo muy cuidadosamente por el interior de la vasija [170] y se rasca cualquier desigualdad [171]. Después se paletea el exterior para controlar la forma y ayudar a crear un tipo especial de superficie [172].

La superficie ondulante y vibrante es el resultado de tres factores: los rollos se colocan de forma que se solapan ligeramente unos a otros, el paleteado se hace de tal forma que los rollos en vez de ser alisados se empujan hacia abajo, unos hacia otros en capas, y se tiene cuidado en no dejar que el borde se haga uniformemente horizontal, sino que mantenga sus subidas y bajadas.

Puesto que el diámetro de la pieza aumenta rápidamente al principio y luego, hacia arriba, comienza a decrecer, MacDonald ha de trabajar en muchas fases, parando después de cada pocas vueltas. Como la pared es solamente de aproxi-

madamente 6 mm de grueso, puede, sin embargo, reanudar el trabajo después de un tiempo relativamente corto. En lugar de rascar y embadurnar, rocía el borde con una fina niebla de agua, antes de reemprender su trabajo.

La mayoría de las piezas están vidriadas en el interior. En el exterior el barniz de vidriado se aplica con brocha en un estado muy diluido y se frota de forma que que solamente en las indentaciones, lo cual enfatiza la textura. MacDonald cuece los trabajos a temperatura de loza en un horno eléctrico.

La textura y forma se complementan perfectamente en el trabajo de MacDonald, con la superficie aumentando el sentido de tensión y rotundidad de las formas, igual que el tamaño y forma de la abertura. Sutiles variaciones de estos elementos logran efectos dramáticos en el equilibrio visual de la vasija.

Alvin Thompson

David Middlebrook. Dig In. Barro cocido 84×74×38 cm.

DAVID MIDDLEBROOK

El trabajo de David Middlebrook, aunque generalmente considerado como parte del California Funk, sobrepasa esta clasificación estilística por múltiples razones. Aunque su temática, como la de California Funk, contiene objetos de la vida diaria, carece de la literalidad y comentario social sarcástico y del mal gusto, a veces considerable y siempre deliberado, del California Funk. De hecho está mucho más relacionado con el surrealismo, especialmente en su combinación de las imágenes y, según Middlebrook, está muy influenciado especialmente en sus primeros tiempos de la carrera por Duchramp y el movimiento Dada.

Sin embargo lo que más distingue a Middlebrook del California Funk es su concepto de la forma estructural y un sentido de energía, inventiva y experimentación que también caracterizan su manera de trabajar.

Aunque no fundamentalmente interesado en el tamaño, Middlebrook ha desarrollado técnicas que le permiten explotar plenamente la plasticidad de la arcilla, incluso a gran tamaño, sin hacer concesiones a la falta de resistencia estructural de la arcilla plástica. Si bien Middlebrook no ha desarrollado nuevas técnicas como tales; es su adaptación de las técnicas y los límites a los cuales se arriesga a empujarlas, lo que hace su forma de trabajar única y excitante.

Al mismo tiempo él saca de la arcilla aquellos efectos especiales necesarios para hacer que aparezca exactamente como zanahorias, cactus, pan o sandía. Esto lo hace con métodos muy sencillos y a menudo sin recurrir al uso de moldes.

La explicación de sus técnicas se centrará en dos aspectos: los métodos de construir las formas básicas [173, 181] y los métodos utilizados para lograr algunos de los efectos especiales [182, 187].

Construcción

Para construir sus piezas Middlebrook utiliza con pocas excepciones lo que llama su «técnica del saco».

La técnica del saco sigue en general la técnica del molde de envolver o la de trabajar con grandes placas plásticas utilizando un medio auxiliar. En este caso el medio auxiliar es un saco o talego hecho con tela y llenado con vermiculina. Además de ser muy ligera, la vermiculina tiene dos ventajas: se compacta al mojarse, por lo que no impide la contracción de la arcilla que la rodea, y el saco es flexible, dependiendo el grado de flexibilidad de lo apretada que haya sido la vermiculina en él. Esto da a la forma de arcilla una resistencia estructural sin ser un obstáculo para la conformación. Las formas de arcilla pueden ser luego conformadas y reconformadas con el saco dentro (esto es especialmente cierto cuando la tela del saco está hecha de algún material elástico como el de las medias).

Middlebrook tiende a utilizar el saco o talego para dos tipos de formas. Para un tipo se usa un saco largo y estrecho para arrollar a su alrededor una plancha y crear formas tubulares [173, 180]. Para el otro se utiliza un saco más parecido a un montículo sobre el cual la arcilla se envuelve de

173

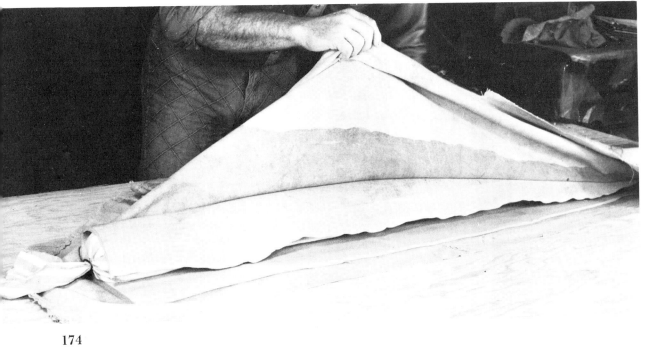

174

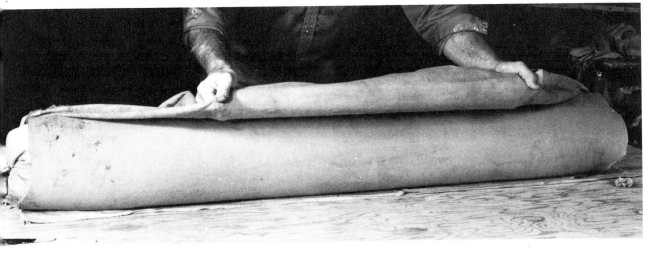

175

167

177

la manera familiar a los moldes de envolver [181]. Como se ha indicado la técnica del saco se utiliza usualmente en unión de placas golpeadas y en el caso de placas muy grandes unidas a solape y adelgazada la placa entera con un rodillo. Casi siempre la placa se coloca sobre un trapo. Es muy importante que el trapo sea perfectamente liso; las arrugas forman indentaciones en la placa de arcilla que pueden transformarse en puntos débiles de la forma.

En el caso de formas tubulares Middlebrook pone el saco sobre una placa [173] y estira la placa a su alrededor con el trapo hasta que un borde de ella toca la parte opuesta apoyada [174] y luego rasca (contra la dirección de la junta) y

embadurna la junta (incluso aunque esté uniendo arcilla plástica). Después continúa enrollando la forma (tirando de nuevo con el trapo) hasta que la junta queda arriba [175]. Elimina todo rastro de la junta actuando sobre ella con un cuchillo y después con un frotador flexible, manteniendo un trapo entre la herramienta y la arcilla.

En el caso de una forma totalmente cerrada se aplastan los extremos para juntarlos, con el saco dentro.

De esta manera no solamente pueden hacerse formas tubulares de longitud y diámetro tremendos, sino que estas formas pueden levantarse [176], curvarse [177], y ponerse de pies sin

179

Alvin Thompson

miedo a que se hundan [178], se indenten o se distorsionen. De hecho, es la posibilidad de manipular las formas inmediatamente después de su construcción inicial lo que hace este procedimiento tan excitante, especialmente porque son posibles muchas variaciones de la forma con cada saco o talego. Las variaciones dependen de dos factores: la densidad de la vermiculina en el saco y cuan apretada se haya enrollado la arcilla a su alrededor. Cuando más floja esté la vermiculina en el saco, más se puede manipular la forma. En el mismo sentido cuanto más floja se enrolla la placa de arcilla alrededor del saco más blanda aparecerá la forma [178].

La inmediatez, amplitud y flexibilidad de esta técnica le abren incontables posibilidades, desde formas pequeñas a grandes y desde blandas a rígidas. Sin embargo, puede ser útil insistir sobre algunas de las precauciones que se deben tomar para utilizarla con éxito. Primero, asegúrese de que no hay arrugas en el trapo sobre el que se adelgaza la placa. Segundo, siempre que sea posible no manejar la placa de arcilla o la forma directamente, sino utilizando el trapo [173, 175, 179, 180]. Tercero, para evitar la indentación en las piezas dejarlas sobre goma espuma. Cuarto, si usted planea formas muy grandes necesitará varios pares de manos para manipularlas [179, 180].

180

Jerry Sawyer

163

181

El segundo tipo de forma posible mediante el saco es la de semiesfera o montículo. El saco puede variar de forma y tamaño y la placa de arcilla se envuelve sobre él de la manera usual para los moldes de envoltura. Lo que es único es que Middlebrook utiliza la técnica del molde envolvente con lo que él llama un tipo de proceso de conformación al vacío. Este proceso consiste en levantar todo el trapo (tablero saco y placa de arcilla) y dejarlo caer desde una altura de 30-60 o 90 cm sobre la mesa o el suelo. Lo que sucede es que el saco rebota y la placa de arcilla es literalmente succionada hacia abajo y alrededor de la forma del saco, tomando cada uno de los detalles de esta forma [181]. En lugar de presionar la placa de arcilla alrededor del saco con las manos, se fuerza al saco contra la placa de arcilla (o viceversa) y la placa de arcilla mantiene el frescor de una superficie intacta.

En algunas de estas formas la placa puede recogerse bajo la forma y eventualmente, en el estado de dureza de cuero, puede añadírsele un fondo [186].

Cuando Middlebrook utiliza un saco casi siempre lo deja dentro de la forma de arcilla hasta que ésta toma el estado de dureza de cuero, en cuyo momento corta un agujero en la arcilla y saca la vermiculina mediante un aspirador de vacío.

Efectos especiales

Los efectos especiales de Middlebrook son, con muy pocas excepciones, logrados trabajando directamente la arcilla más que basándose en moldes, y con medios asombrosamente simples. La mayoría de los efectos especiales se logran a través del tratamiento de la superficie antes o después de la construcción de la forma. En la técnica del saco, la mayoría de los tratamientos superficiales se producen inmediatamente después de que se ha hecho la forma, con el saco dentro de la arcilla. En este estado es en el que Middlebrook hace incisiones e indentaciones [182] en la arcilla para producir diversos efectos [183], tales como: líneas, para la zanahoria; dientes, para los cactus, etc. Las impresiones se hacen encima de, por lo menos, una capa de trapo firmemente fijada a la arcilla, utilizando un cuchillo, una herramienta puntiaguda, el mango de un rodillo o incluso un taco de madera de 5 × 10 cm martilleando sobre la arcilla. Utiliza una fuerza considerable aunque lleva cuidado de no traspasar la tela o la arcilla para que no se debilite la forma.

Marcando la arcilla con el trapo firmemente frotado sobre ella (no solamente dejado encima), no se adelgaza la placa de arcilla, sino que más bien se fuerza ésta contra el saco y la pared de arcilla mantiene el mismo espesor.

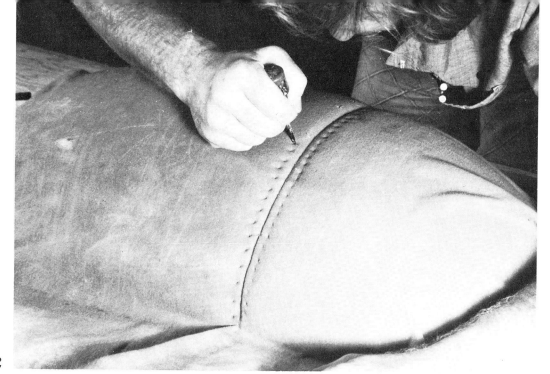

182

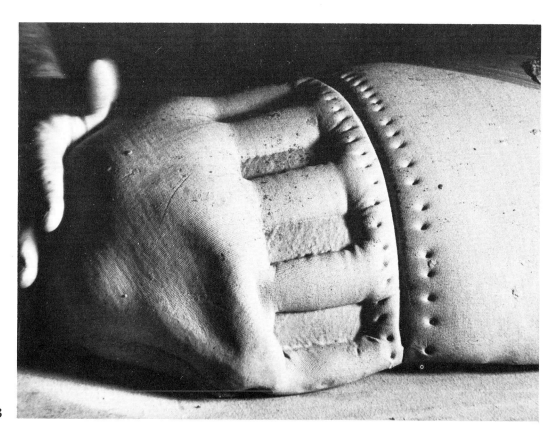

183

165

184

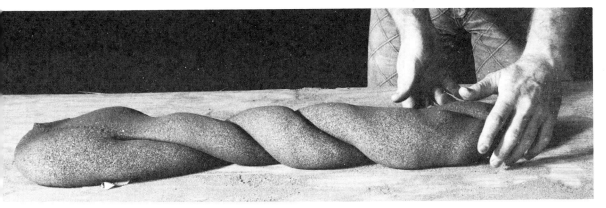

185

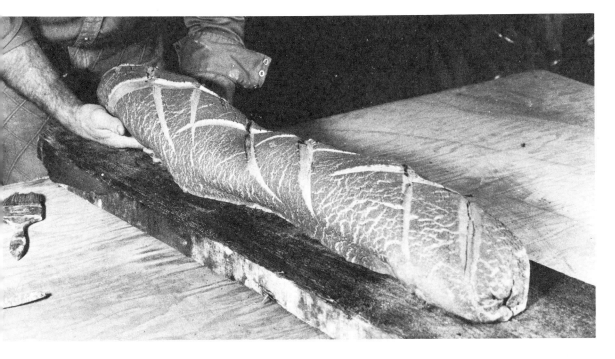

186

Otros efectos especiales tales como la superficie del pan, la sandía o el cesto de madera, se logran texturando la placa antes de construir la forma.

La textura del pan se hace de la siguiente manera. Se frota una capa de arcilla en polvo sobre una placa gruesa de arcilla y se hacen incisiones en ella, en un dibujo cruzado [184]. Luego se adelgaza la placa a aproximadamente 1 cm de espesor, utilizando el método de golpeado. Esto abre las incisiones y crea el efecto de corteza de pan, rompiendo la superficie seca de la arcilla. La placa se deja luego sobre un saco, en este caso medias pantalón [185] y se conforma al vacío. Esto se traduce en la típica calidad hinchada del pan recién cocido [186].

La sandía se hace de una manera similar adelgazando una placa en la que se ha frotado una capa de arcilla seca. Las marcas de las semillas se hacen después de haber adelgazado la placa, con ésta descansando sobre una capa gruesa de goma espuma, y con un trapo entre la herramienta y la arcilla, para evitar agujerearla. Para la raja fresca de sandía la forma se construye con las placas de arcilla en el estado de dureza de cuero y para la sandía seca arrugada, con las placas en estado plástico.

Las texturas de madera están hechas golpeando placas delgadas de arcilla sobre una pieza de madera rugosa, primero por un lado luego volviendo la madera para obtener un efecto real y golpeando el otro lado de la placa. La forma del cesto se hace dejando estas «tablas» sobre un saco bien apretado [187]. Las grapas se añaden en forma de rollos delgados y los clavos con rollos de arcilla y bolitas pequeñas aplastadas para las cabezas de los clavos, las marcas del martillo con un martillo, etc.

Muy importantes para los efectos especiales son los vidriados y técnicas de vidriado desarrolladas por Middlebrook. Sin embargo, la explicación de estas técnicas cae fuera del campo de este libro, excepto la lista de recetas de vidriados y arcillas del apéndice.

Las técnicas explicadas anteriormente son sólo una parte del repertorio de Middlebrook y representan solamente una parte del proceso

187

completo. Algunas de las formas se montan en el estado de dureza de cuero; otras se preparan de manera que puedan juntarse atornillándolas después de cocidas. En algunos casos las formas de arcilla cocida se combinan con otros materiales.

A través de todo el proceso de construcción van codo a codo las consideraciones estructurales con el sentido de la imagen. Un diseño puede alterarse a medida que avanza el trabajo, tanto por razones visuales como por razones de contenido. Debe destacarse que las cuestiones de forma y contenido son de la máxima importancia para Middlebrook. Su manejo experto y atrevido de la arcilla, su inventiva con respecto a la técnica y su amplio conocimiento de los procesos generales de construcción, son las bases sobre las que descansa su arte.

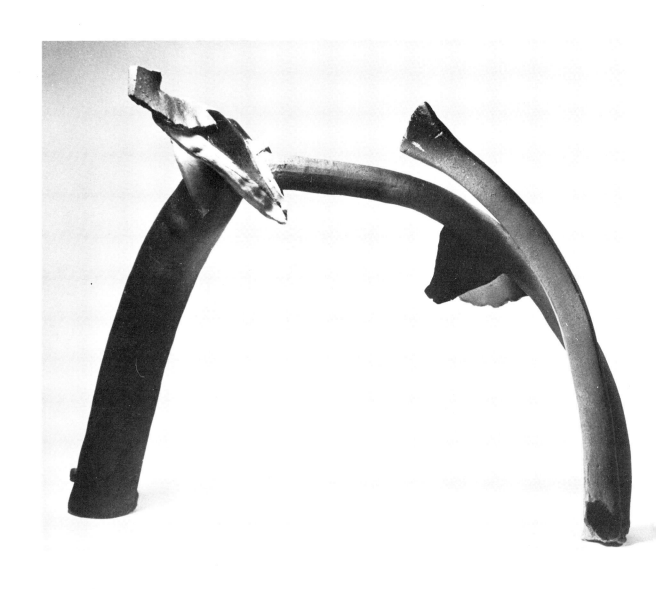

Donna Nicholas. Arc I. Barro cocido 51×84×20 cm.

DONNA NICHOLAS

El trabajo de Donna Nicholas combina formas lineales con formas de bordes recortados y formas orgánicas en una disposición compleja, aunque claramente estructurada y elegante. Los elementos lineales establecen el ritmo de sus piezas, mientras que las formas de bordes recortados y orgánicas les dan volumen. Pero es la tensión entre estas formas, los espacios definidos e incluidos por ellas y el flujo de líneas de uno a otro, lo que prende nuestra atención, especialmente según cambian estas relaciones desde los diferentes puntos de vista. El número de estas configuraciones siempre cambiantes de formas y espacios es multiplicado por el color de las piezas.

Los colores definen las formas, así como reúnen diferentes áreas desde diferentes ángulos. El color parece emanar de las formas o crecer sobre la superficie como algas o musgo sobre las rocas.

Las esculturas se montan de formas previamente construidas en estado de dureza de cuero. El proceso se divide en cuatro fases claramente definidas: de planeamiento, preparación de las piezas, montaje de éstas y vidriado.

Nicholas trabaja sus ideas sobre el papel. El boceto es trasferido a escala sobre grandes hojas de papel de embalar y se cortan algunas secciones para utilizarlas como patrones para las piezas [188].

Las formas lineales son extruidas y dobladas para seguir los patrones [188]. La arcilla extruida contiene fibras de nilón que hacen los tubos más resistentes y flexibles.

Las formas de bordes recortados se cons-

188

189

190

191

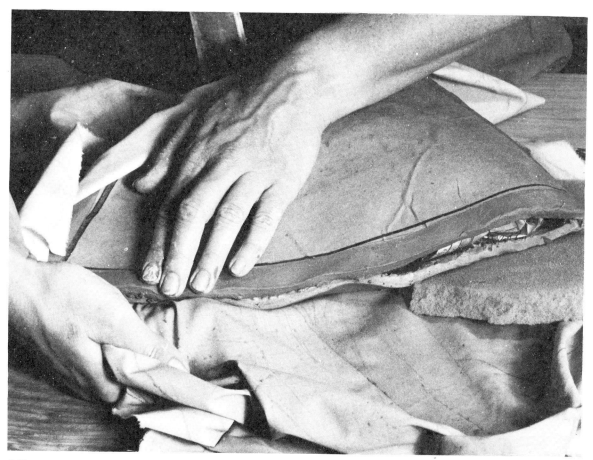

192

truyen con placas a dureza de cuero. Las formas de las placas se cortan utilizando las plantillas de papel. Nicholas envuelve los bordes de las placas con plástico para que permanezcan blandas, para que se unan mejor.

Algunos de los bordes de las placas se biselan según los ángulos de las formas [189].

Aunque Nicholas utiliza arcilla a dureza de cuero y estas formas son básicamente de bordes recortados, no son rígidas. Observe la goma espuma que soporta la curva de la forma [190].

Las formas orgánicas se hacen también de placas, pero están hechas con una combinación de arcilla plástica y a dureza de cuero, con el fin de lograr suavidad con la placa plástica y retener algo de rigidez, con la placa de dureza de cuero, para mantener la rotundidad de la forma [191]. Corrientemente los lados anchos se hacen con arcilla plástica y los estrechos con arcilla a dureza de cuero. Antes de construir las formas orgánicas, la plantilla de papel se fija a la placa plástica humedeciéndola con una esponja y frotando firmemente el papel sobre ella. Papel de periódicos arrugados, apretado en el interior de la forma, evita que ésta se hunda. Al juntar las placas Nicholas manipula la arcilla con la ayuda de una tela, arrastrando los lados a juntarse, creando torsiones y curvas que son luego sostenidas con goma espuma [192]. Las arrugas en las formas son producidas por el papel al doblar éstas. Ni-

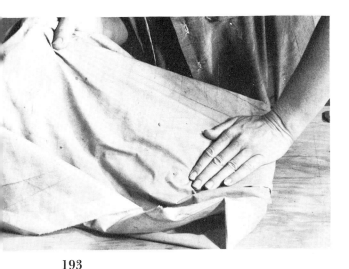

193

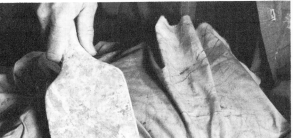

194

cholas hace este doblado bajo la tela, tirando hacia arriba con una mano y empujando con la otra hacia abajo [193]. La dirección de las arrugas es controlada por la dirección según la cual dobla ella la forma.

El paleteado sirve para apretar las juntas y manipular la arcilla para darle su trazado adecuado. Nicholas paletea la pieza con una tela sobre la arcilla para evitar que la paleta se pegue y que se aplane la textura [194].

Es interesante apreciar la manera en la cual Nicholas manipula la arcilla en el proceso de conformación. Ella no utiliza la tela precisamente como un separador sino como una herramienta de conformar, llevando a unirse los lados y doblando las formas con ella.

La complejidad de esta segunda fase, la preparación de las partes, merece un resumen para señalar los elementos cruciales. Nicholas prepara tres tipos de formas cada uno con una técnica distinta. Las formas lineales son extruidas; las formas de bordes recortados y las formas orgánicas están ambas construidas con placas, pero una con placas a dureza de cuero, aprovechando la resistencia estructural de la arcilla, y las otras de una combinación de placas plásticas y a dureza de cuero (corrientemente un paso en falso en

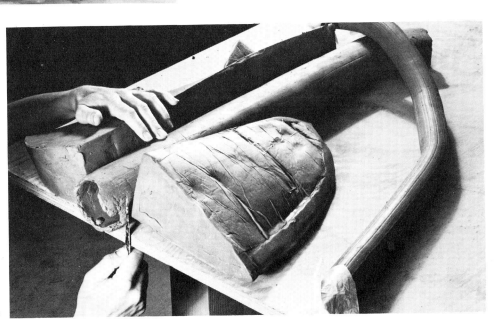

195

196

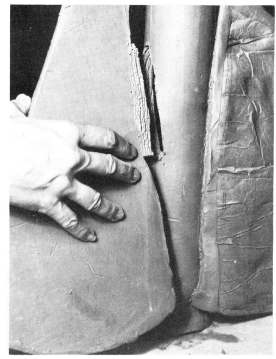

197

cerámica), para explotar la plasticidad de la arcilla mientras se saca ventaja de la resistencia estructural. La manera especial de manipular la arcilla con una tela es únicamente suya y merece una observación cuidadosa.

Antes de montar las piezas se dejan secar todas aproximadamente a la misma consistencia de dureza de cuero. Es extremadamente importante que la arcilla esté suficientemente rígida para soportar su peso, aunque suficiente flexible para permitir alteraciones de las formas.

El primer paso en el montaje es establecer la base; para lo cual todas las partes se colocan, según el dibujo, a lo largo del borde de la mesa. Se cortan los tubos adecuadamente [195] y se les ponen fondos. Después se proveen todas las formas con agujeros de aireación.

En el montaje se han de tener en cuenta consideraciones técnicas y estéticas. Este es el momento en que el dibujo bidimensional se transforma en una construcción tridimensional y se necesita bastante tiempo para considerar las re-

laciones de las formas desde todos los puntos de vista.

Por el lado técnico todas las formas han de fijarse sólidamente. Nicholas utiliza diferentes juntas y usualmente resuelve el problema de manera ligeramente distinta cada vez, pero todas las veces dirige su enfoque determinadas consideraciones. Siempre que es posible procura un área de contacto en lugar de sólo un punto e incluso más de un área. Trata de enlazar las formas más que de hacer que justamente se toquen.

Las formas pueden envolverse una alrededor de otra [196]. Si dos paredes se juntan en un área bastante grande, las partes de las paredes que se unen se cortan para disminuir el peso de la pieza, permitir que las formas se doblen más fácilmente y también que el aire pueda fluir de una a otra forma, lo cual se traduce en un secado más uniforme.

A una forma puede ponérsele un saliente en forma de borde que se inserta en una ranura tallada en otra de las piezas [197] o puede cortar-

se parte de una forma para que otra pueda ajustarse en ella [198].

Todas las juntas se rascan y se añade agua a ellas. Después de apretar las piezas juntas, se hace una entalla profunda en la cual se prensa un rollo de refuerzo. Para mantener las piezas juntas se ata alrededor de ellas una banda elástica ancha. El elástico tiene la ventaja de que se mueve a medida que la arcilla se contrae. Observe otra vez el almohadillado de goma espuma [199].

Durante el montaje Nicholas cambia a menudo los diseños paleteando, cortando, añadiendo

trozos de arcilla y doblando los tubos para dar un tipo diferente de movimiento. Los extremos de los tubos pueden estar cerrados por una placa, rascados o paleteados.

El paso final del montaje de las esculturas es limpiar las juntas y afinar la superficie [250]. Usualmente esto se hace después de haber dejado reposar la pieza una noche. Este lapso de tiempo sirve para dos fines: La arcilla húmeda que se ha utilizado para los refuerzos o para llenar las separaciones, ha tenido oportunidad de endurecerse algo y, más importante, Nicholas ha tenido la oportunidad de volver a valorar su pieza después de haberse alejado de ella algún tiempo. La escultura se deja secar muy lentamente y aun cuando las formas son muy complejas, Nicholas no encuentra necesario colocarlas sobre una placa de arcilla. Ella puede sin embargo cocerlas sobre un tablero de madera, para evitar manejar la pieza al llenar el horno.

El color se aplica en la fase final, el vidriado. El color se utiliza de tal manera que redefine y enfatiza las relaciones entre las partes. Nicholas aplica el barniz por pulverización sobre la pieza en bizcocho y una pieza puede pasar a través de numerosas cochuras al cono 06 (aproximadamente 1000 °C) y ser vidriada de nuevo una y otra vez, hasta que se logran los efectos deseados. El vidriado y la cochura puede por esto ser mucho más largo que la construcción de la pieza.

La complejidad técnica del trabajo de Nicholas es superada solamente por la complejidad y la riqueza de sus formas. Esta complejidad va aparejada a una claridad de diseño e ideas que reflejan un proceso lógico de pensar y un planeamiento cuidadoso.

200

175

Sy Shames. Recipiente de loza 15×25 cm.

SY SHAMES

El trabajo de Sy Shames se caracteriza por su simplicidad de forma y una superficie tan fresca y llena de tensión que parece no tocada por manos humanas; el diseño lineal y la textura parecen haberse formado accidentalmente por un proceso de crecimiento natural.

Este tipo especial de superficies es el resultado del hecho de que Shames ha perfeccionado el arte de golpear placas y de que, en su procedimiento de trabajo, de hecho rara vez toca el exterior de sus piezas. El secreto reside en su trabajo, casi enteramente, desde el lado del revés.

La sutileza de las líneas procede también de su forma particular de trabajar desde el lado del revés. Después de golpear una gran placa y llevarla plana sobre su cuerpo a la mesa [201] para

201

202

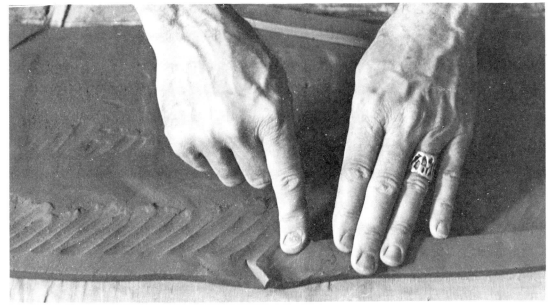

203

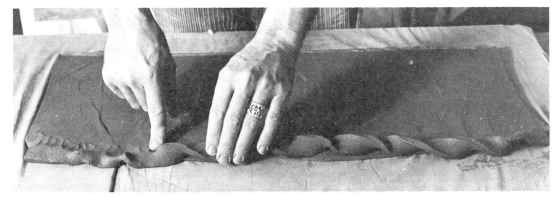

204

205

206

207

evitar deformaciones, Shames corta tiras de debajo y de los lados de la placa y las vuelve a fijar en capas en lo que será la parte alta de la vasija [202]. Las tiras pueden correr a lo largo de toda la placa [202] o pueden fijarse en secciones [203] vertical u horizontalmente; también puede retorcer algunas tiras antes de fijarlas [204]. Las tiras se solapan sobre la placa principal y son alisadas hacia abajo y aplanadas con un palo, [205]. También puede cortarse una ventana en el centro de la placa y añadirse una pequeña placa texturada con la cara hacia abajo; alisándola también hacia abajo y pasándole el rodillo [206]. La textura de las placas pequeñas se hace comprimiento sobre ella trozos viejos de madera, cáscaras de nuez, o cualquier otro material interesante, y se le da alguna definición mediante incisiones [207].

Usualmente esto completa la preparación de la placa. Es impotante fijarse en que la placa, a pesar de las tiras de arcilla superpuestas, es perfectamente uniforme en grueso, ya que todos los solapes se han aplanado con el rodillo.

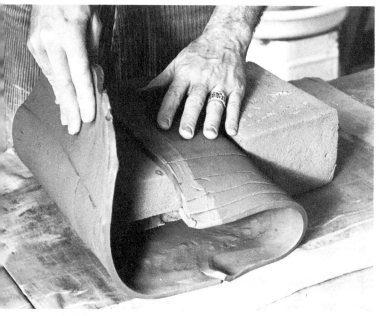

208

209

Para formar la vasija toda la placa se dobla alrededor de un bloque de goma espuma [208], se levanta con la ayuda de un tablero [209] y se fija a un fondo. Milagrosamente las tiras de arcilla añadidas se han convertido en una serie de líneas fluyentes y el área texturada parece surgir desde detrás de la manera más sutil.

El solape que ha resultado de la unión de la placa se arrastra hacia arriba para formar una unidad libremente esculturada, en el interior de lo que puede considerarse la parte trasera de la vasija [210]. Esta unidad negligentemente formada, contrasta con la sutilidad de las líneas ondulantes y dirige la atención al interior de la forma.

Para enfatizar más las líneas y añadir otra dimensión a la forma, la parte superior de la vasija se empuja de dentro hacia afuera suavemente. Esto estira la arcilla y remarca las líneas abriéndolas (211). Shames puede hacer esto porque completa la vasija con la arcilla en estado plástico.

Shames utiliza el vidriado muy parcamente, dejando las áreas texturadas sin vidriar, para evitar ocultar las sutilidades de la superficie. Cuece sus trabajos a temperaturas de loza en una atmósfera reductora.

210

180

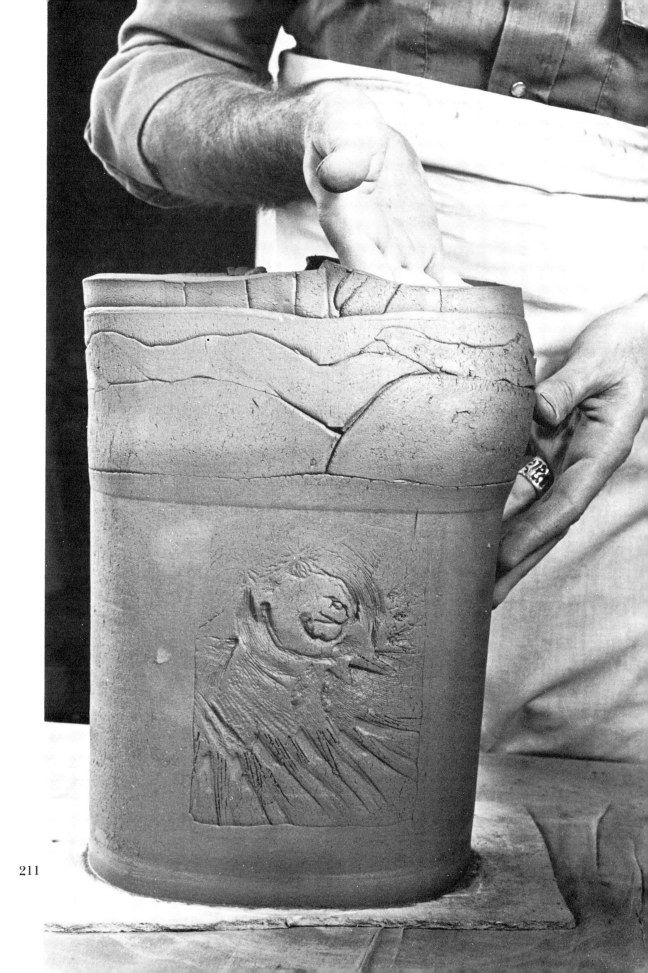

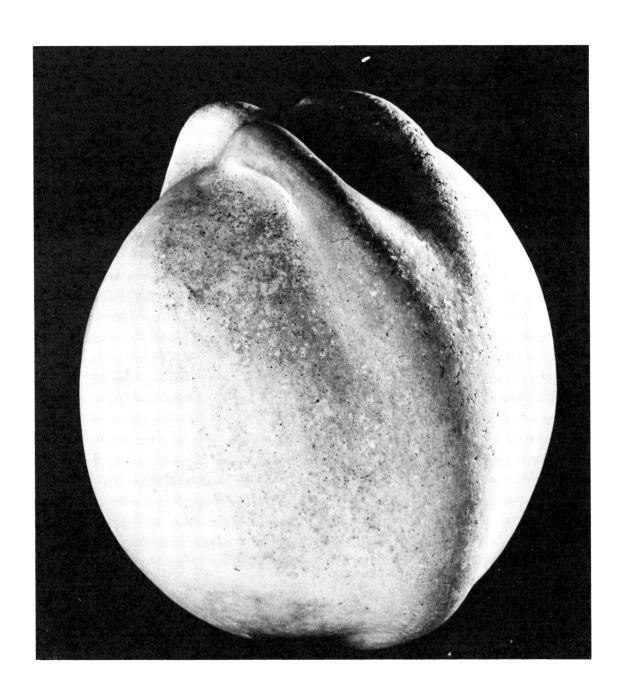

Billie Walters. Pieza de raku 23×18 cm.

BILLIE WALTERS

Las piezas bulbosas y ondulantes de Billie Walters, con sus pliegues blandos en la parte superior, no dan en modo alguno ninguna clave sobre la técnica que ella usa. Las formas parecen demasiado vivas y vibrantes para ser, como son, el resultado del uso de placas con moldes. Sólo una total comprensión de la naturaleza plástica de la

arcilla puede permitir a uno utilizar estas técnicas con resultados tan notablemente fluidos.

Para hacer la mitad de su vasija, Billie Walters deja caer una placa de arcilla plástica sobre un molde de yeso o bizcocho, desde el tablero sobre el cual la ha palmeado y laminado con el rodillo [212]. La placa es intencionalmente más

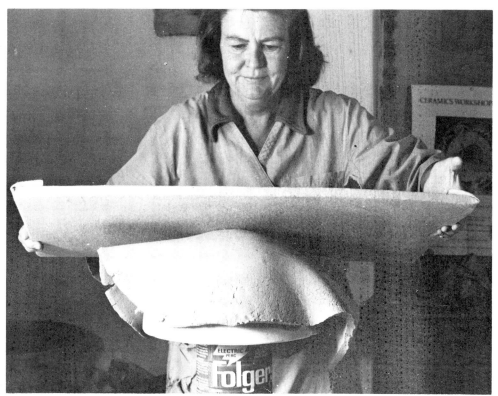

212

213

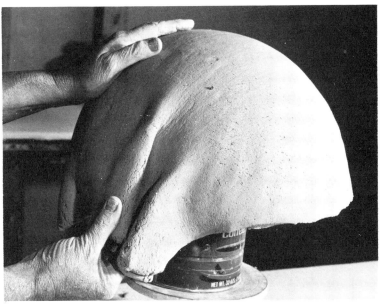

214

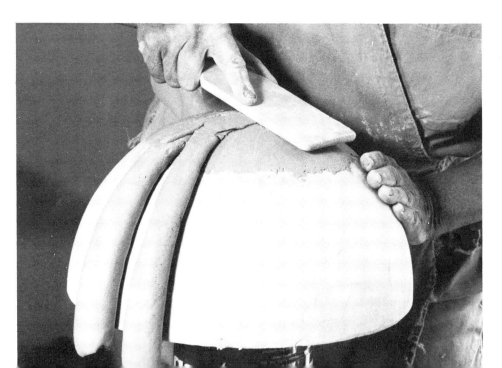

215

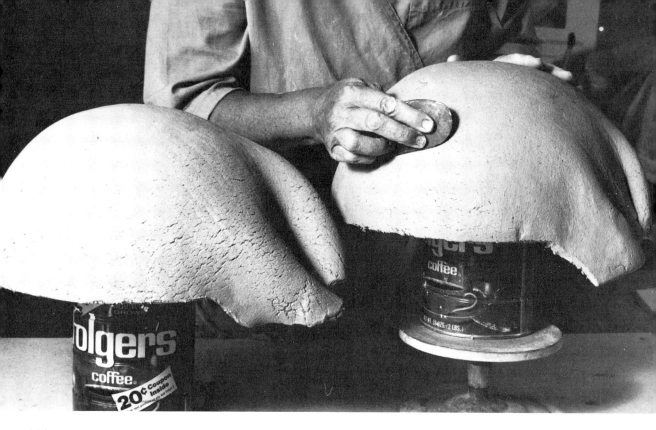

216

grande de lo que se necesita, de forma que caiga
sobre el molde en pliegues sueltos [213]. Esto es
exactamente lo que ella espera, ya que estos pliegues formarán la parte de arriba de sus vasijas.
Escoge cuidadosamente el pliegue correcto y, en
algunos casos, puede también cambiar su forma
delicadamente [214]. Para conseguir variaciones
en la forma, Walters altera la forma del molde
añadiéndole arcilla en la parte alta, o en el lado
en forma de gruesos rollos [215]. Excepto en el
pliegue, el exceso de la placa de arcilla se corta a
lo largo del borde inferior del molde. Walters
hace dos de estas formas una con los pliegues
ligeramente más pequeños que los de la otra
[216].

217

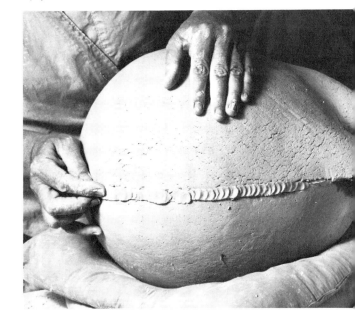

Las formas de arcilla se dejan secar sobre el
molde hasta tomar dureza de cuero. En el clima
seco de Nuevo México esto tarda solamente una
o dos horas. Con los pliegues más pequeños
ocultos bajo los grandes, las dos formas se unen
muy cuidadosamente (rascando, untando con limo, reforzando la junta con arcilla y paleteando), con un lado descansando sobre un almoha-
dón para evitar indentaciones [217]. Después de

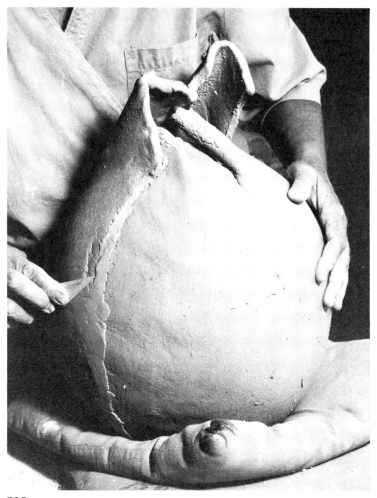

218

unir la vasija se coloca en su correcta posición, verticalmente, sobre dos almohadones de manera que pueda esculturarse la parte de arriba [218].

El pliegue grande es paleteado hacia abajo sobre el pequeño [219], las separaciones se llenan con arcilla [220]. Algunas de las juntas pueden disimularse de esta manera mientras que se dejan otras. Algunas de las bolsas formadas pueden exagerarse o disimularse. Es en este punto en el que Walters considera cuidadosamente todos los detalles de la parte superior, uno en relación con otro y con el conjunto de la vasija. Los pliegues y salientes surgen de la vasija y dan la apariencia de que son el resultado de una fuerza actuando desde el interior. Son la culminación

de la pieza entera, no una decoración o un apéndice añadido. La posición y carácter de la abertura es crucial [221]; es la clave de la fuerza interior; dirige hacia adentro y también deja escapar el interior.

Como paso final, Walters elimina todos los rastros de unión de las piezas moldeadas con una herramienta Surform y en algunos casos puede incluso lijar la arcilla en estado de hueso. Tiene cuidado, sin embargo, de disimular la textura más que dañarla y de retener algunas de las grietas y señales del estirado de la arcilla que resultan del proceso de conformación [222].

Walters rara vez utiliza vidriados, pero aplica con una esponja un engobe y puede a veces frotar con tintes sobre él.

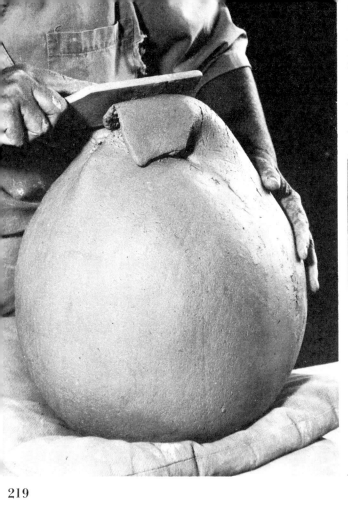

219

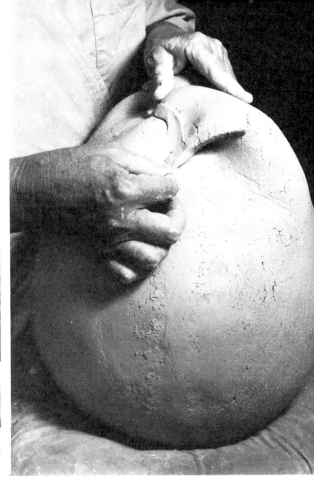

220

221

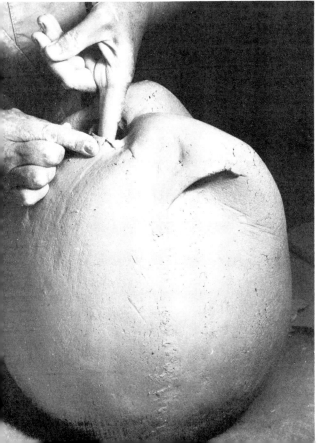

222

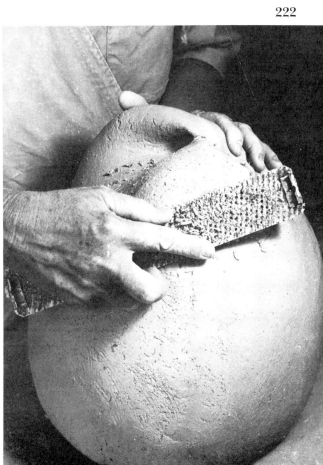

Susan Wechsler. Recipiente de raku 13×35 cm.

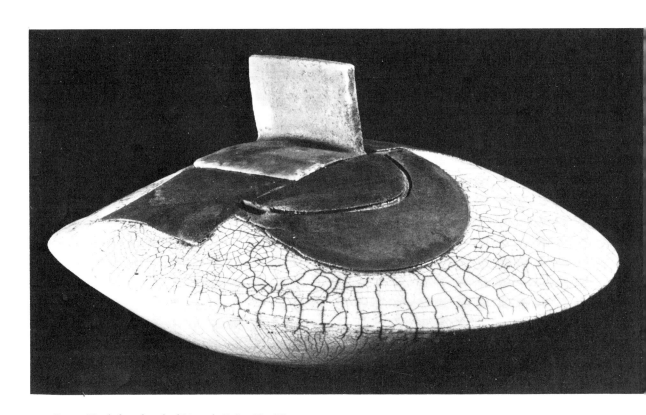

Susan Wechsler. Smoked Versel. Raku 32×38 cm.

SUSAN WECHSLER

El trabajo de Susan Wechsler se caracteriza por líneas geométricas limpias, un sentido de la proporción y un interés en las relaciones de las partes que es muy semejante al de un arquitecto. Esto, según ella, es probablemente el resultado de vivir y trabajar en un ambiente urbano. Al mismo tiempo no es de ningún modo mecánico, ya que la cualidad plástica de la arcilla no es ni ignorada ni comprometida.

Su trabajo consiste primordialmente en formas elípticas, hemisféricas y tubulares. Algunas veces combina estas formas, y muy a menudo contrasta superficies lisas y texturadas. Su trabajo es hecho en su mayor parte con placas laminadas con ayuda de un laminador [223]. Wechsler está fascinada no sólo por la facilidad de hacer placas de esta manera, sino también por la

223

189

224

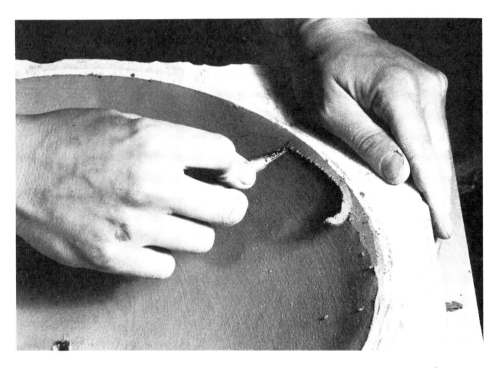

225

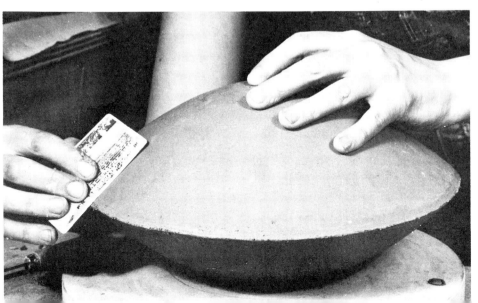

226

227

perfección y resistencia de las placas. Para las formas elípticas prensa las placas en un molde de prensar, estirando suavemente la placa con una esponja [224]. Dos de estas formas se unen en estado de dureza de cuero. Wechsler bisela cuidadosamente el borde de la forma para proporcionar un área de contacto lo más grande posible [225]. La junta se trabaja con una tarjeta de crédito, la cual proporciona una herramienta excelente para alisar el borde [226].

Las formas tubulares se hacen libremente a mano a partir de una placa. La textura y diseño se añaden antes de hacer la forma, con la placa plana sobre la mesa [227]. Primero, Wechsler textura la placa imprimiendo pana sobre ella. Luego añade placas muy delgadas encima, según un dibujo geométrico. Cuando se laminan estas pequeñas piezas sobre la placa principal con un rodillo grande, no solamente se unen firmemente a la placa, sino que se alteran ligeramente en forma y tamaño. Para quitar más la severidad de las formas y el diseño y añadir otra dimensión, Wechsler gusta de interrumpir el trazado colocando arcilla en una pequeña superficie en forma de saliente y aplastando este saliente con un pequeño rodillo.

Cuando la placa se transforma en tubo, el diseño cambia otra vez [228]. Las formas de las piezas de arcilla aplicadas son deformadas, aunque sólo sea de una manera sutil, y los espacios

228

entre ellas se ensanchan. Estos cambios sutiles surgen de la plasticidad de la arcilla y son, en mi opinión, la clave de la vitalidad del trabajo de Wechsler. Este emparejamiento de su amor por las formas geométricas y diseños arquitectónicos con la flexibilidad y la conformabilidad de la arcilla, se traduce en trabajos vibrantes con líneas frías y limpias.

Cuando une la forma tubular a una forma elíptica, Wechsler corta el centro de la forma elíptica y une las piezas sólo por el interior [229].

Sus formas elípticas con tapa están hechas de una manera similar. Una placa con el diseño aplicado a ella [230] se prensa en un molde con el dibujo hacia abajo. De nuevo Wechsler cuenta con los cambios de diseño cuando la placa se fuerza en el molde. En estado de dureza de cuero, se une a una forma lisa moldeada similarmente. Se corta una tapa siguiendo el trazado de las piezas aplicadas, y a ella se añade como asa una placa en proporción con la forma de la pieza de arcilla aplicada [231]. El corte se hace en ángulo, de forma que el corte biselado actúe como asiento de la tapa.

El carácter de las formas de Wechsler refleja su manera de trabajar. Ella planea cuidadosamente la estructura de cada pieza, llegando a veces al tamaño de las placas mediante fórmulas matemáticas. Guarda cuidadosamente un registro de las medidas, y las piezas de las placas son

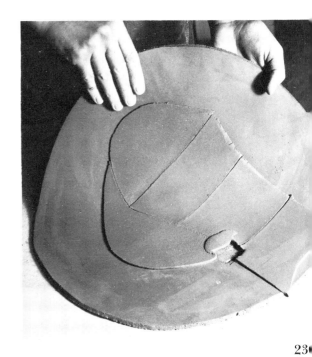

230

cuidadosamente medidas y dibujadas antes de cortarlas. Las formas resultantes pueden fácilmente ser mecánicas y rígidas; Wechsler evita esto equilibrando su enfoque estructurado con una elevada visión de la naturaleza básica de la arcilla: a saber, su plasticidad. Y el hecho de que Wechsler cueza sus piezas en hornos de raku o serrín, les da otra dimensión de fluidez y audacia.

231

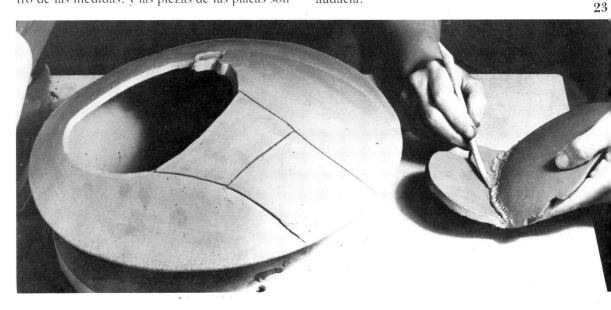

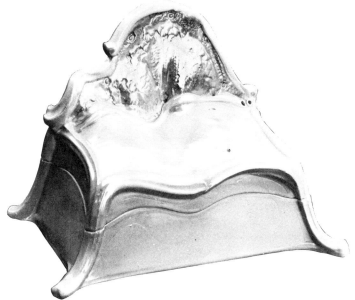

Paula Winokur. Joyero. Porcelana 27,5×27,5×18 cm.

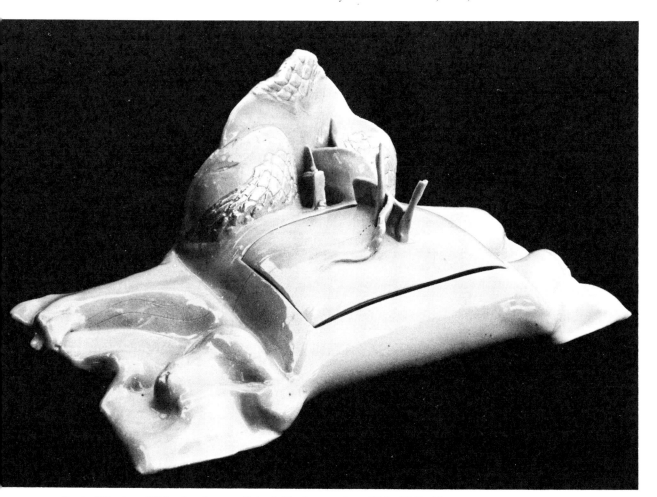

Paula Winokur. White Landscape. Caja doble de porcelana 25,5×35,5×18 cm.

PAULA WINOKUR

Paula Winokur, combina en todos sus trabajos finalidades funcionales con formas esculturales, en sus formas de cajas esculturadas, esta mezcla es especialmente afortunada. La caja da a la escultura su volumen y, por ello, su razón de ser y el aspecto escultural de la forma da a la caja su espíritu y magia, mientras que la porcelana añade una sensación de preciosismo y un toque de sensualidad.

Desde el punto de vista técnico, las cajas y recipientes son el resultado de una combinación compleja de técnicas. Paula Winokur utiliza variedad de métodos. Las formas pueden estar construidas con placas o extruidas y en algunos casos combina estas dos técnicas particulares. El proceso de hacer las piezas consiste en 3 fases distintas: preparar las partes [232-238]; montarlas [239-242] y refinar y enriquecer la forma y superficie [243-244].

Para la pieza que mostramos aquí, Winokur extruye dos cortos cilindros para los recipientes [232], los cuales son aplastados por un extremo y

232

195

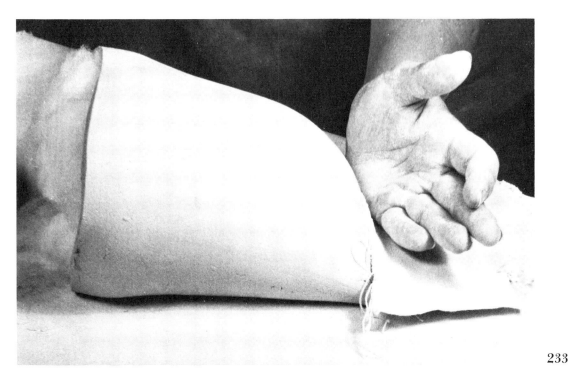

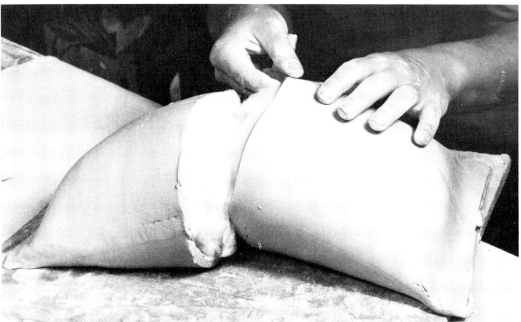

234

196

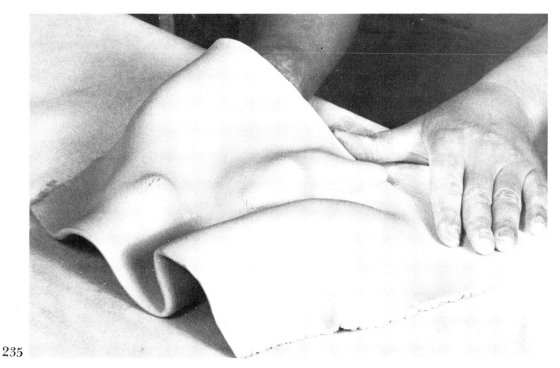

235

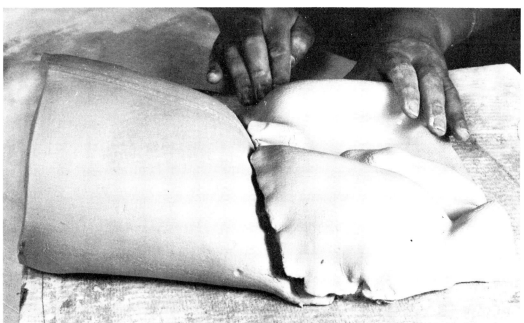

236

rellenados con Dacron [233-234] de manera que mantengan su forma hasta que estén a dureza de cuero. Se ondulan unas placas, para las secciones de los lados, recogiéndolas y empujándolas desde debajo [235]. Después se ajustan a las partes extruidas [236]. La superficie de las placas para

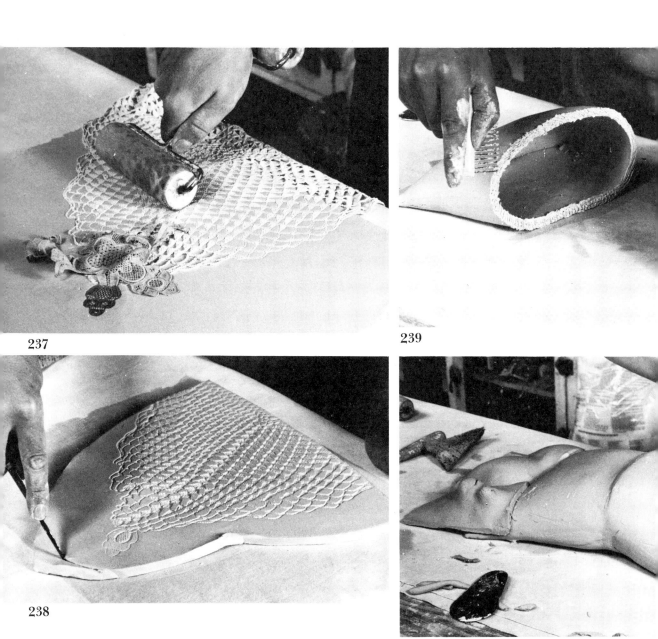

237

239

238

241

las partes verticales se imprimen con encaje [237-238]. (Todas las placas se hacen en un laminador.)

Todas las piezas se dejan secar hasta dureza de cuero, en cuyo momento se montan. Una de las partes extruidas se cierra con una placa y la otra se fija a ella [239-240]. Esta placa interior actúa por una parte como soporte vertical, que

impide aplastar los tubos, y por otro como medio de dar al recipiente dos compartimientos separados.

Luego se unen las secciones laterales [241], así como la sección vertical, a las partes extruidas y se trabajan para darles la forma [242]. Para darle resistencia estructural y un sentido de volumen, la parte vertical consiste siempre en una

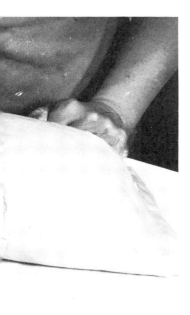

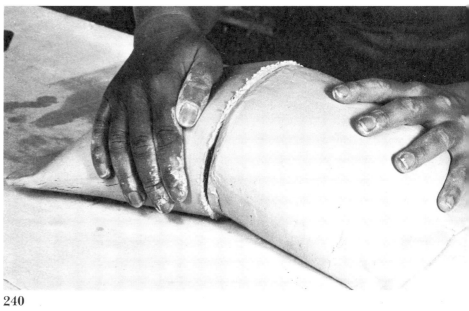

240

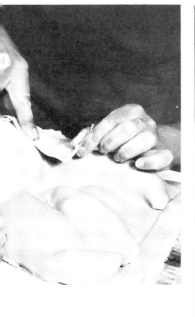

242

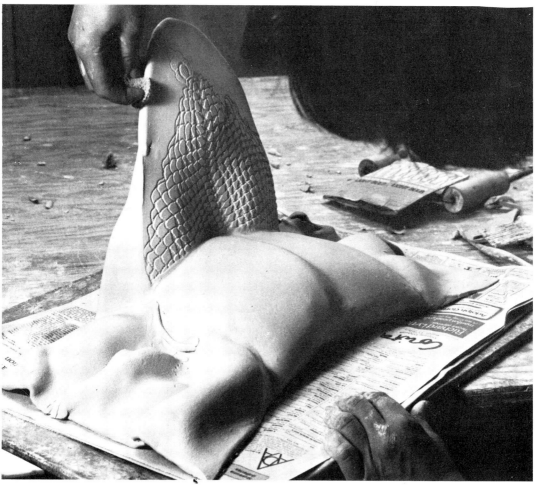

243

pieza de doble pared, o una caja poco profunda, de placas a dureza de cuero.

En el montaje, Winokur rasca la arcilla y aplica agua abundantemente. Se utilizan rollos de arcilla, usualmente mojados en agua, como refuerzo y para llenar los huecos. Es interesante que Winokur no paletee las juntas de sus formas, sino que prefiere frotarlas, siempre con un trapo entre la arcilla y su mano o dedo [233-241].

A través de todo el proceso de montaje, Winokur ajusta las formas unas a otras, preocupada por el flujo de las formas y sus relaciones. En la mayoría de sus trabajos aparecen elementos de su entorno, el paisaje suavemente redondeado de Pensilvania Oriental.

Después del montaje dedica una gran cantidad de tiempo a enriquecer la superficie de la forma por adición de rollos o puntos de arcilla, por dibujo, por afinado de los bordes [243]. Sin embargo, este enriquecimiento superficial no se permite nunca que quede en la superficie; y se hace parte de la forma, definiéndola y enfatizándola. Es este enriquecimiento de la superficie y su relación con la forma lo que caracteriza todo

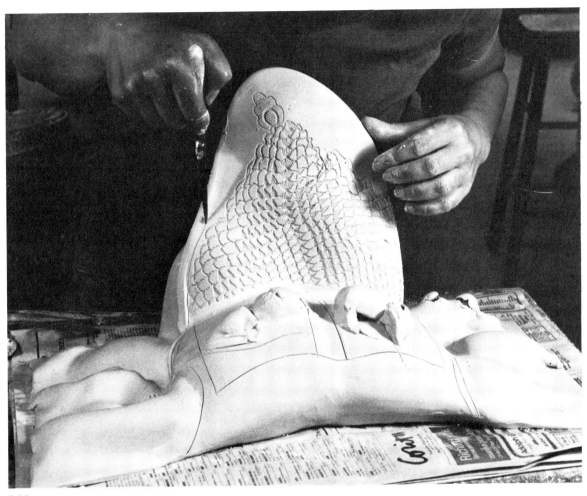

244

el trabajo de Winokur. Es en este punto en el que Paula Winokur explota las características de la porcelana; su superficie lisa destaca y contrasta con cada faceta y detalle del enriquecimiento superficial. Puesto que Winokur termina siempre la pieza como una unidad totalmente cerrada, el último paso es abrir el recipiente, cortando las tapas en las partes extruidas. El trazado de las tapas fue establecido en la fase previa de enriquecimiento superficial, como parte de dibujos lineales y los pomos son parte de las formas esculturales [244].

En este complejo procedimiento de hacer una pieza la artista explota la plasticidad de la arcilla por un lado y la resistencia estructural de la arcilla a dureza de cuero por otro. La primera permite al artista conseguir ricas formas ondulantes, mientras que la última le ayuda a combinarlas en una disposición altamente complicada.

Otro importante aspecto de sus piezas es la integración de las formas estructurales y el tratamiento de las superficies, en una pieza conteniendo elementos de paisaje y mostrando una riqueza barroca de detalles.

Elsbeth S. Woody. Long L's I. Loza sin vidriar 1,52×3,04×1,22 m.

ELSBETH S. WOODY

Es un esfuerzo por superar las limitaciones de mi horno y construir piezas ambientales, desarrollé un sistema de trabajar con múltiples. Yo encontré que si las unidades individuales se mantienen muy simples, es la interación entre ellas la que crea la forma; luego, el total es diferente de la suma de sus partes.

La idea de utilizar múltiples no es nueva obviamente, pero, por lo que yo conozco, es utilizada raramente con la arcilla, a menos que las unidades se hagan con molde. Al principio yo hacía cada unidad individualmente, a causa de mi falta de familiaridad con los moldes y del hecho de que no todas las piezas eran exáctamente del mismo tamaño. Actualmente lo hago por convicción, ya que las ligeras variaciones en las formas, dan a mis piezas una sensación orgánica que encuentro a faltar en esculturas que usan el principio de múltiples pero son producidas por un proceso industrial.

La formación de las unidades es relativamente fácil. En el presente estoy interesada en las formas tubulares ovaladas, construidas utilizando el método del pellizco extendido. Explicaré las técnicas utilizadas para construir dos variantes de estas formas tubulares ovaladas: la forma de L y el bucle.

Para la forma de L utilizo lo que llamo el *purzelbaum*, o método del salto mortal, lo cual significa que cada pieza pasa por 3 etapas en cuyo proceso es volcada dos veces. En la etapa 1 se construye, de pie, un cilindro más el comienzo de la curva [245]. En la etapa 2 este cilindro se

245

246

247

coloca tumbado con la curva apuntando hacia arriba [246] y se forma, en posición vertical, el resto de la curva más lo que será el brazo horizontal de la L [247]. En la etapa 3 se produce otro vuelco, para poner la parte que se acaba de terminar en su correcta posición horizontal [248].

El cilindro que se ha construido en la etapa 1 queda ahora otra vez vertical, pero con la parte de arriba hacia abajo [249]. Esta parte se corta y

248

249

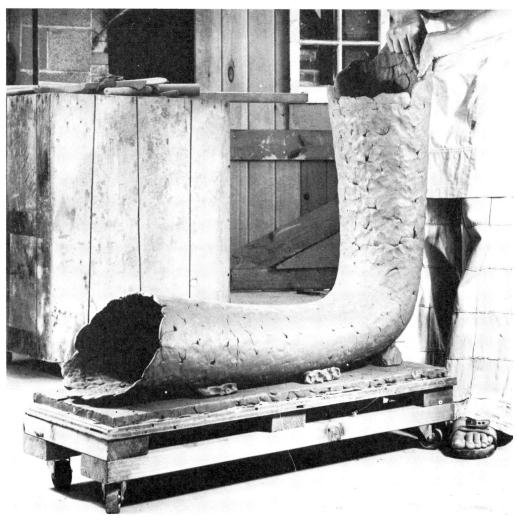

se reemplaza con una sección nuevamente pellizcada [250]. Este doble vuelco es necesario porque ninguno de los extremos es plano.

Permítame esbozar los detalles para hacer las formas de L. En la etapa 1 la altura del cilindro depende de la longitud del brazo horizontal de la forma de L acabada. Cuanto más largo es este brazo, se necesita que el cilindro sea más largo para equilibrarlo en la etapa 2. Por la misma razón lo hago intencionadamente pesado. Yo no haría el cilindro menos de 2/3 de largo del brazo horizontal.

En la etapa 2 la pieza se deja tumbada hasta que ha tomado completamente la dureza de cuero (excepto en la parte de la curva). Entonces se completa la curva en varias etapas y lo que será el brazo horizontal se termina en posición vertical. Cuando se construye la parte vertical la curva ha de ser apoyada con arcilla [247]. La curva debe de estar a dureza de cuero o el soporte podría marcarla. Frecuentemente uso un nivel para asegurarme de que el brazo es verdaderamente vertical [251].

En vez de esforzarme para lograr un tubo perfecto, me gusta hacer el brazo de la L ligeramente en forma de trompeta, aumentando lentamente el diámetro. También compenso el ligero aplastamiento que se produce en la cochura aumentando el diámetro en la dirección opuesta. Por la misma razón fijo platos semicirculares como soportes en la curva, separados entre sí de 12 a 20 cm [252].

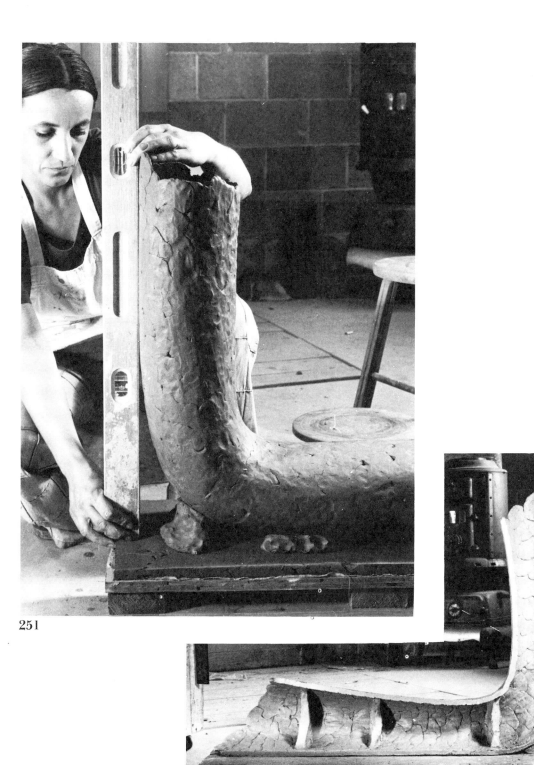

251

252

253

En la etapa 3 se tiene que ser muy cuidadoso cuando se vuelca la pieza [después que ha tomado dureza de cuero, desde luego). Me aseguro de que los soportes de arcilla están a mi alcance [248] y, siempre que es posible, pido a alguien que me ayude. Después de volcada, la parte ahora vertical (la cual es el cilindro que se construyó en la etapa 1) se corta justo por encima de la curva [249]. Yo hago esto por varias razones: porque lo pellizco más pesado, para que pueda equilibrar el otro brazo; porque corrientemente ha perdido algo de su forma y está demasiado duro para ser ajustado; porque hay demasiada diferencia en la consistencia entre la arcilla del borde que era la parte inferior del primer cilindro y la arcilla plástica que yo añadiré para hacer

la punta; porque esto me permite reablandar la parte curvada de manera que pueda ajustar su forma y porque así puedo añadir un soporte en el interior del tubo, justo en la curva, si intento hacer el brazo vertical muy alto [252]. Con frecuencia pruebo de nuevo el ángulo del brazo con un nivel. La segunda variante de la forma tubular ovalada es la de forma de bucle. Los bucles [253] se construyen colocando 2 columnas [254] separadas a distancia adecuada sobre la placa de arcilla. Las trabajo desde cada lado, utilizando una plantilla de masonite; la plantilla, sin embargo, sólo sirve como una guía general [255]. Puesto que he de trabajar en numerosas etapas en este punto la relación a la guía cambia a medida que la arcilla se contrae.

254

255

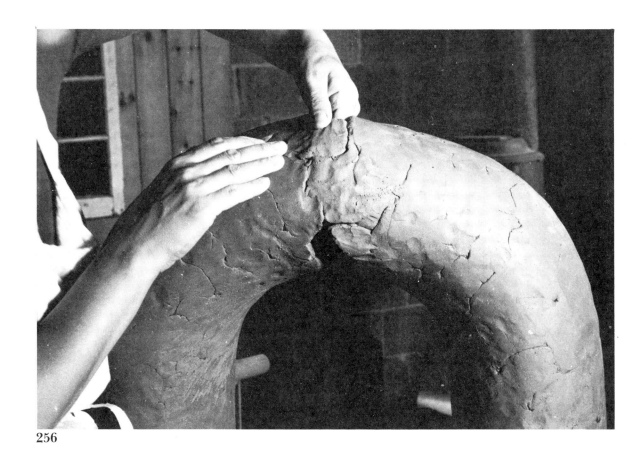

256

Elsbeth W. Woody. Short L's II. Loza sin vidriar 0,61×2,13×3,04 m.

210

Cuando se encuentran los dos lados los enlazo juntos, solapando el pellizco por encima de la parte superior de un lado y ocultándolo por debajo del otro [256]. Con el siguiente pellizco invierto el procedimiento. Intencionadamente hago un ligero abultamiento hacia arriba en este punto, para permitir la contracción y para evitar una indentación o una parte plana en la curva. El abultamiento hacia arriba se rebaja fácilmente paleteándolo en el estado de dureza de cuero.

El bucle o extensión horizontal [253] se construye combinando una forma en L con el bucle. Construya un cilindro recto y una forma en L, luego colóquela de la misma manera que colocaría las dos columnas verticales del bucle y conéctelas.

Utilizo el método del pellizco extendido para todas mis piezas y trabajo en numerosas etapas, y especialmente cerca de las partes curvadas. Después de terminar cada etapa cubro el borde superior y cuando esta sección está a dureza de cuero afino la superficie por paleteado antes de continuar.

Casi todas las piezas se construyen sobre una placa de arcilla para asegurar que los soportes permanecen en ángulo recto con ella durante la contracción. Los bucles también están colocados sobre una placa de arcilla de manera que la parte inferior de las columnas se muevan a medida que el bucle de arriba se contrae. La placa de arcilla está colocada sobre un tablero de contrachapado de 2 cm de grueso, y para evitar tener que levantar cualquier cosa se coloca cada uno de ellos sobre una plataforma con ruedas [253].

Cuando se está trabajando a gran escala es esencial el planeamiento adecuado. Yo hago modelos con rollos de arcilla para desarrollar mis ideas, y saco las proporciones aproximadamente del modelo de arcilla. Las dimensiones exactas se cifran después sobre papel. Las carretillas y las bases de contrachapado se cortan para ajustarse exactamente a cada pieza. Esto me permite colocarlas en su posición prevista, en relación unas con otras, sin quitarles las carretillas [253].

La medición cuidadosa, el trabajo con el nivel y el uso a veces de la plantilla, hacen posible duplicar las formas con bastante precisión. Sin embargo, lo que parece casi más importante es hacer las piezas del mismo tamaño a la vez, en lugar de una después de otra; se cae así en un ritmo que casi elimina la medición.

Una vez todas las piezas están acabadas y secas, se colocan en el horno sobre los tableros de madera. El hecho de que tenga un horno de carro, cuyo carro entra en un foso en mi estudio, facilita grandemente la carga del horno [257].

Solamente se queman 5 cm de los tableros; el resto se transforma en carbón debido a la falta de aire debajo de la placa de arcilla; por esto no se produce ningún movimiento y no hay peligro de que las piezas altas se inclinen demasiado.

La instalación es otra fase en la construcción de trabajos a gran escala; no sólo se ha de considerar la seguridad de la pieza, sino también la de los que las miran. Las necesidades son distintas en cada tipo de instalación, en el exterior y en el interior. En cada caso me aseguro de que cada pieza tiene dentro un tubo que le impide caer. En el exterior el tubo se ancla en el terreno y para la instalación en exposiciones se atornilla a la base.

257

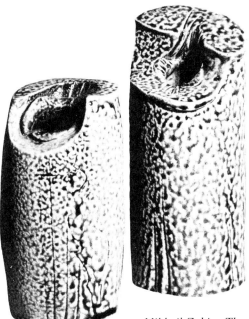

Mikhail Zakin. The Couple. Vidriado a la sal 33×15×15 cm y 37×15×15 cm.

Mikhail Zakin. Metamorphic Form. Vidriado a la sal. 15×12,5×25 cm.

MIKHAIL ZAKIN

El interés primero de Mikhail Zakin es (para usar sus propias palabras) «la forma articulada de la arcilla que revela su estructura». Sus piezas son expresiones de formas metamórficas en el proceso de cambio. Ella prefiere barnizar a la sal o carbonizar sus piezas, ya que estos procesos revelan más claramente la forma subyacente.

Sus intenciones no se relacionan con la metodología; está interesada en sonsacar diferentes respuestas de la arcilla y en observar la emergencia de formas a medida que trabaja con el material explorando su plasticidad. Este enfoque conceptual está emparejado con un enfoque casi científico de la resolución de problemas.

Ella se plantea a sí misma una serie de condiciones desde las cuales comienza el experimento, utilizando una combinación de técnicas tradicionales y no tan tradicionales. Por ejemplo puede atravesar un bloque macizo de arcilla con una madera de 5 × 10 cm [258], estirar la arcilla gol-

258

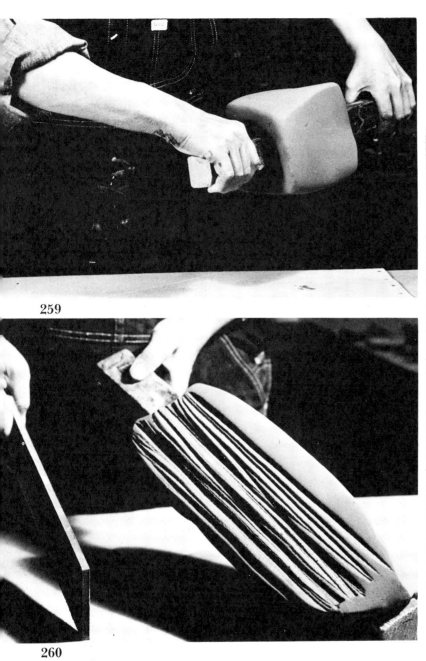

259

260

261

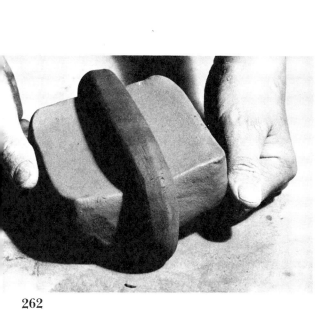

262

263

264

peándola, con la madera dentro, por sus caras contra la mesa [259], y golpeándola con una regla de cantos agudos [260]. El resultado es una hermosa forma con los lados fluyendo libremente y con poderosa texturá [261].

O bien, un grueso paquete de arcilla de color claro se rodea con un rollo de arcilla de color

oscuro [262] y se extiende sobre un molde convexo [263]. Esta vez sale una forma angular con una hermosa curva en el interior y un borde que habla de la plasticidad de la arcilla. El rollo oscuro se convierte en una banda que atraviesa el cuenco y da la vuelta en forma de dos salientes [264].

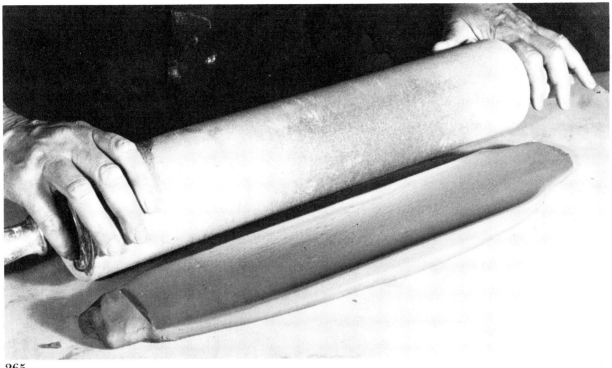

265

266

Otra vez, un rollo grueso se transforma en una placa larga y estrecha con un surco (hecho con ayuda de un rodillo) corriendo a lo largo en su centro [265]. La placa se transforma en un tubo [266] y se dobla [267]. El espinazo se comprime mientras que la piel se estira.

En enfoque de Mikhail Zakin sobresale no solamente en términos conceptuales sino también en virtud de las técnicas empleadas. Aunque no despreciando los métodos tradicionales, Zakin o adapta las técnicas existentes o, más importante, se desembaraza de ellas, experimenta regularmente con la arcilla para encontrar nuevos caminos de expresar su fantasía. El común denominador de su trabajo es la preocupación por las formas expresivas y por el desarrollo de estas formas a través de un constante diálogo con la arcilla plástica.

267

CONCLUSION

Cada intento creativo está influenciado por numerosos factores. Una buena pregunta para responder aquí es: hasta qué punto las técnicas influencian el trabajo de uno. La respuesta difiere de un artista a otro y puede ser diferente en distintos momentos. Para algunos la técnica llega primero y los conceptos surgen de ella; para otros la elección de la técnica está determinada por el concepto.

Cada técnica lleva consigo limitaciones y posibilidades. Cada artista trata con las limitaciones diferentemente y explota las posibilidades a su modo. Las elecciones que hagamos en cuanto a técnicas, sus limitaciones y posibilidades, determinan nuestro enfoque o son determinadas por él.

Por ello una pieza se sitúa en el punto en que convergen, la elección de técnica, los fines e intenciones conceptuales así como la idea estética de uno.

Esta es la razón de la diversidad de formas en el arte cerámico. Concretando también el desafío, tanto para el ceramista maduro como para el recién llegado: integrar el enfoque conceptual con la elección de una técnica, en un trabajo que exprese sus intenciones.

APENDICE

Recetas de pastas de arcilla y vidriados utilizadas por los artistas

Las siguientes recetas son las usadas en las pastas de arcilla y los vidriados por los artistas presentados en «Diez enfoques del trabajo a mano». Fíjese cuidadosamente en las temperaturas de maduración de la arcilla y vidriados y, como con cualquier receta, ensáyela antes de aplicarla a su pieza favorita.

ELAINE KATZER

PASTA DE LOZA; cono 6

Arcilla refractaria Lincoln	7-10
Arcilla para tubos de desagüe Pacific	7-10
Desengrasante Ione tamaño de grano 409	3,5
Agrasell, malla 30	1,5

El agrasell son cáscaras de avellanas molidas y por lo que yo sé sólo se puede encontrar en Los Angeles.

ENGOBE BLANCO:

Caolín EPK	25
Arcilla plástica	25
Feldespato Kingman	25
Pedernal	25

Para el azul añadir 2 % de óxido de cobalto. Katzer utiliza cromato de hierro mezclado con agua y aplicado con brocha en verde, para el negro y rutilo mezclado con agua para el amarillo.

ELIZABETH MACDONALD

PASTA:

MacDonald utiliza una arcilla llamada arena Buff de California.

Vidriado:

Temoku lexiviado: cono 8 oxidante.

Feldespato potásico	544
Blanco de España	462
Caolín EPK	136
Pedernal	658
Oxido rojo de hierro	211

DAVID MIDDLEBROOK

PASTAS DE ARCILLA
Barro cocido blanco: cono 06

Arcilla plástica	50
Talco	40
Vitrox plástico	10
Arena malla 30 (opcional)	10

Mezcla para escultura: cono 06

Lincoln Sixty	60
Arcilla plástica de Tennesee	40
Talco	25
Arena mezclada (malla 20 y 30)	10
Polvo de ladrillo mezclado (malla 20 y 30)	10

Loza blanca: cono 6

Lincoln Sixty	25
Arcilla plástica de Tennesee	25
Caolín EPK	25
Talco	25
Arena	10

VIDRIADOS:

Para vidriados de colores vivos (especialmente verdes, amarillos y naranjas) con texturas superficiales mates y secas, Middlebrook usa corrientemente barnices de fondo comerciales encima o debajo de otros vidriados. Algunos ejemplos:

Primera capa: una mezcla a partes iguales de cualquier vidriado mate y arcilla de alfarero, molida en molino de bolas y rociada en capa delgada.

Segunda capa: vidriado de fondo comercial rociado o aplicado con brocha.

Otra:

Primera capa: vidriado de fondo comercial.

Segunda capa: cualquier vidriado mate rociado en capa delgada, cocido ligeramente en defecto para obtener un acabado verdaderamente mate.

Otro:

Primera capa: vidriado rojo cactus de Middlebrook (ver más adelante).

Segunda capa: vidriado de fondo comercial, en capa delgada.

Los siguientes vidriados pueden usarse conjuntamente uno con otro o con el Rojo cactus de Middlebrook. Las variaciones en espesor de la aplicación y la cochura en atmósfera oxidante o reductora, se traducen en una amplia gama de colores.

Verde Naranja: cono 06

Blanco de plomo	83,3
Caolín	30
Pedernal	16
Bicromato potásico	10
Estaño (o Zircopax)	5 (10)

Rojo Desierto: cono 06

Blanco de plomo	92
Feldespato sódico	11
Carbonato bárico	4
Pedernal	5
Oxido de Cromo	6

Amarillo-Melón: cono 06.

Blanco de plomo	500
Bentonita	25
Pedernal	25
Silicato de magnesio y circonio	100
Carbonato sódico anhidro	150
Bicromato potásico	25

Rojo Cactus de Middlebrook: cono 06

Blanco de plomo	120
Sílice	7
Feldespato Kingman	14
Carbonato bárico	5
Oxido de cromo	7,5

Para lograr un efecto de craquelado, utilice:

Primera capa: cualquier vidriado, mate, satinado o brillante, del color que prefiera.

Segunda capa: barniz para horno, vidriado de recubrimiento de Duncan o limo en una capa gruesa.

Tercera capa: vidriado de fondo comercial, rociado.

El color de la tercera capa será el de la superficie, con el color de la primera capa asomando en las grietas del craquelado.

Es importante observar que los colores brillantes del trabajo de Middlebrook son debidos, en parte, al hecho de que trabaja con arcilla blanca. Además, antes de vidriar, aplica, a veces, óxidos metálicos directamente en el bizcocho y enjugando el exceso (hierro para rojo-naranja; cobalto para azules; cromo y hierro para verdes; hierro y rutilo para amarillos). Esto ayuda a poner de relieve la textura de las piezas y favorece la transición de un área a otra.

DONNA NICHOLAS

Tierra de loza de Cedar Heights	40
Arcilla plástica	30
Caolín EPK	10
Talco	10
Arena	10
Bentonita	2

Vidriados:

Vidriado de base alcalina

Frita 3110	22
Feldespato potásico	10,85
Carbonato bárico	5,5
Caolín EPK	7
Piedra de Cornwall	5

Para mayor blancura añadir 10 % de Zircopax. Cono 06 en horno de gas oxidante; cono 05 en horno eléctrico.

Base de blanco de plomo

Blanco de plomo	64
Feldespato potásico	19,4
Carbonato bárico	9
Caolín EPK	3,8
Piedra de Cornwall	3,8

Este vidriado se usa para colores naranja y amarillo.

Añadir: 5 % de rutilo para un tostado cálido
2 a 8 % de bicromato potásico para amarillo o rojo-naranja.
4 a 8 % de níquel para verde-gris
1/2 % de óxido de cobalto + 4 % de níquel para verde.

Nicholas utiliza también polvo de vidriado de base Hommel y colorantes para vidriado Hommel para diferentes colores, mezclados con los vidriados a un 10 % aproximadamente.

SY SHAMES

Pasta para loza: cono 7

Jordan	8
Arcilla refractaria de Missouri	6
Verde PBX AP	6
Barro cocido pulverizado	1

Base de vidriado:

Feldespato potásico	38
Frita 3417	27
Dolomía	9
Blanco de España	11,5
Caolín	25

BILLIE WALTERS

Pasta para raku (variante de Paul Soldner)

Arcilla refractaria Lincoln	50
Talco	20
Barro cocido pulverizado o arena	30

Engobe:

Borato Gerstley	100
Caolín	100
Sílice	100

El engobe se reduce a un espesor de una aplicación de vidriado normal.

Tinte (sobre el engobe)

Oxido rojo de hierro	10
Carbonato de cobre	5
Borax	un poco

SUSAN WECHSLER

Pasta para raku:

Arcilla refractaria	50
Arcilla de pegar	20
Arcilla plástica	30

Wollastonita (C-6)	10
Mullita, malla 35	15
Barro cocido pulverizado	10

Claro de Soldner

| Borato Gerstley | 80 |
| Sienita nefelítica | 20 |

Rojo cristalino de Soldner

Borato Gerstley	80
Borax	50
Oxido Rojo de hierro	10
Oxido de cobre	5

Cobalto cobre de Piepenberg

Colemanita	80
Piedra de Cornwall	20
Carbonato de cobalto	1/4
Cobre	2

Cobre de Zimmerman

Frita 3134	45
Borato Gerstley	40
Pedernal	7
Caolín	8

PAULA WINOKUR

PASTA DE PORCELANA: cono 10, reducción

Arcilla de Grolleg	55
Pedernal	15
Feldespato (Potásico)	20
Wollastonita o pirofilita	5
Desengrasante Molochite, malla 100	
Bentonita	5
	4

VIDRIADO TRANSPARENTE: cono 10, reducción

| Espato Buckinghan | 28,5 |
| Arcilla plástica | 19,5 |

| Blanco de España | 19,5 |
| Sílice | 32,5 |

Para celadones, 1 por ciento de óxido de hierro rojo

VIDRIADO BLANCO AZULADO: cono 10, reducción

Espato Buckinghan	37,4
Blanco de España	14,7
Ceniza (muy fina, de madera)	4,5
Arcilla de China (caolín)	13,1
Pedernal	27,4
Colemanita	2,9

Para celadones, añadir 1 por ciento de óxido de hierro rojo. Cerner varias veces a través de un tamiz de malla 100.

ELSBETH S. WOODY

PASTA DE LOZA: cono 8, reducción

Jordan	35
Arcilla refractaria de Missouri	35
Pedernal	10
Arcilla roja de Ohio	10
Barro cocido pulverizado	15

MIKHAIL ZAKIN

PASTA PARA VIDRIAR A LA SAL: cono 10

Jordan 50	50
Arcilla refractaria de Missouri	50
Arcilla plástica	25
Feldespato F4	5
Arena	10
Bentonita	1,5

GLOSARIO

AGUA DE PLASTICIDAD: Agua entre las partículas de arcilla. Amasado: Método de entremezclar la arcilla para hacerla homogénea.

BARRO COCIDO: Todo material cerámico cocido a temperatura inferior a 980 °C.

BIZCOCHADO: Cochura de preparación para el vidriado, en la cual la temperatura se eleva hasta el punto justo antes de que se produzca la vitrificación de la arcilla.

COCHURA CON SERRÍN: Método de cochura en el cual la vasija se coloca en un recipiente (barril metálico) lleno de serrín. Se enciende el serrín y la vasija se cuece por el calor producido en la combustión lenta del serrín. Las temperaturas alcanzadas de esta manera van desde 530 °C a 800 °C y el material sale totalmente carbonizado.

COCHURA OXIDANTE: La cochura que se obtiene cuando se produce la combustión completa o se utiliza un horno eléctrico.

COCHURA REDUCTORA: método de cochura en el cual el combustible no se quema completamente en el horno, produciendo monóxido de carbono libre, que a su vez quita oxígeno de los óxidos metálicos de la arcilla y de los vidriados.

CONO PIROMÉTRICO: Pequeñas piezas de materiales cerámicos, en forma de pirámide, hechas industrialmente, utilizadas para medir la temperatura del horno.

DESENGRASANTE: Material pulverulento que se añade a la arcilla para abrir su estructura y disminuye su plasticidad. Se usa como tal el barro cocido pulverizado a distintas finuras (malla).

DUREZA DE CUERO: Estado de la arcilla entre el estado plástico y el de secado a hueso.

ENGOBE: Un tipo de limo hecho de arcillas de distintos colores, utilizado para pintar la superficie de las piezas cerámicas.

HERRAMIENTAS DE PULIR: Herramienta con bucles de alambre en ambos extremos que puede usarse para tallar la arcilla.

HORNOS: Recipientes cerrados de varios tamaños, en los que se cuecen las piezas cerámicas, hechos con ladrillos refractarios, que se calientan a temperaturas desde 800 °C hasta 1250 °C mediante electricidad, gas, petróleo o leña.

JUNTA A TOPE: Junta en la que el borde de una placa se une a otra o a su borde topando con ellos. También un rollo puesto sobre otro forman una junta a tope.

JUNTA A SOLAPE: Junta en la que dos piezas de arcilla se unen por superposición de sus bordes.

LIMO: Arcilla con consistencia casi líquida.

LOZA: Obra de cerámica que se cuece entre 1150 y 1250 grados centígrados.

MINERAL: Substancia térrea de fórmula química definida.

OBRA EN VERDE: Todos los objetos de cerámica antes de cocerlos.

PLÁSTICO: Estado de la arcilla en el que no se encuentra ni demasiado seca ni demasiado húmeda para ser trabajada.

PORCELANA: Cerámica hecha con arcilla blanca y cocida por encima de 1250 grados centígrados.

PUNTO DE MADURACIÓN: Temperatura en la cochura, a la cual la arcilla se vitrifica suficiente para hacerse dura y resistente, y se funde el vidriado.

RAKU: Método de cochura consistente en colocar la pieza en un horno calentado al rojo, retirarla enseguida que se funde el barniz y luego carbonizarla (ahumarla) poniéndola en un recipiente cerrado con un material fácilmente combustible tal como serrín o agujas de pino. La cochura total dura menos de media hora y usualmente alcanza temperaturas de barro cocido.

RECICLADO: Recuperación de la arcilla que es demasiado húmeda o demasiado seca para trabajarla, empapándola en agua hasta que se deshace y vertiéndola sobre placas de yeso para que se seque hasta la consistencia adecuada para el trabajo.

SECADO A HUESO: Secado completo de la arcilla al aire.

TINTES: Oxidos metálicos mezclados con agua utilizados para cambiar el color de la arcilla.

VIDRIADO: Capa vítrea de recubrimiento de las piezas de cerámica que se forma por fusión, durante la cochura, de mezclas de minerales aplicadas a las superficies de las piezas.

VIDRIADO A LA SAL: Método de cochura en el cual se introduce sal en el horno caliente. Los vapores de la sal al quemarse se combinan con la sílice de la arcilla y forman un vidriado sobre la superficie de la vasija. El material vidriado a la sal se clasifica como loza.

VITRIFICACIÓN: Fusión de ciertos elementos de la arcilla formando una estructura vítrea en ella.

NOTA BIBLIOGRAFICA

Fuentes excelentes de información detallada sobre la arcilla, vidriados y técnicas de cochura tal como se aplican en los estudios de cerámica son los libros de Daniel Rhodes *Clay and Glazes for de Potter,* así como *Kilns: Design, Construction and Operation. Ceramic Science for de Potter* de W.G. Lawrence trata de la misma materia pero desde un punto de vista más científico, ofreciendo explicaciones técnicas para muchas cosas que los ceramistas han aprendido por experiencia.

También es una fuente de información muy útil sobre tecnología de la arcilla, vidriados y cochuras el libro *Fine Ceramics, Technology and Application* de F.H. Norton, aunque se refiere a estos temas más en relación con materiales de producción comercial.

Excelentes fuentes de información sobre distintos temas específicos son: *Salt-Glazed Ceramics* de Jack Troy; *Primitive Pottery* y *Raku* de Hal Rieggers, así como *Raku; Techniques for Contemporary Potters* de Christopher Tyler y Richard Hirsch.

The Potter's Craft de C.F. Binns y *A Potter's Book* son libros clásicos de cerámica, tratan de una amplia gama de temas desde historia de la cerámica a procedimientos de conformación, pero son del mayor interés por el enfoque muy personal de estos ceramistas históricamente importantes. *Pioneer Pottery* de Michael Cardew cae dentro de la misma categoría pero ofrece también información sobre las fuentes naturales de arcilla y vidrios.

Pottery: Form and Expression y *The Invisible Core* de Marguerite Wildenhain, tratan del efecto que el trabajo con la arcilla tiene sobre la persona y *Centering in Pottery, Poetry and the Person* de M.C. Richards crea una filosofía basada en los principios del torneado.

Finding One's Way with Clay de Paulus Berensohn y *Pottery Forms* de Daniel Rhodes son buenos ejemplos de trabajos que combinan la filosofía con el proceso.

Para una visión de la cerámica contemporánea ver: Art of the Modern Potter, de Tony Birk y *New Ceramics* de Eileen Lewenstein y Emmanuel Cooper.

Publicaciones periódicas:

Craft Horizons, American Crafts Council, 44 West 53rd, Street, New York, New York, 10019.

Ceramic Monthly, Box 12448, Columbus, Ohio, 43212.

Studio Potter, Box 172, Warner, New Hampshire, 03278.